Die magische Gestalt

Die Autoren dieses Bandes sind einer Einladung des Fernseh-Magazins FUNK UHR gefolgt, ihre Deutung des Phänomens Marke im Zeitalter der Massenware vorzustellen. Das Buch schreibt eine Gedankenkette weiter, die 1987 mit »Die produktive Distanz« begonnen und 1990 mit »Der situative Mensch« fortgesetzt wurde.

Die magische Gestalt

Die Marke im Zeitalter der Massenware

Von
Klaus Brandmeyer
Alexander Deichsel

MARKETING JOURNAL
HAMBURG

Autoren:
Dr. Klaus Brandmeyer,
Institut für Angewandte Sprache, Hamburg
Prof. Dr. Alexander Deichsel,
Institut für Soziologie, Universität Hamburg

Buchgestaltung:
Prof. Vilim Vasata, Universität GH Essen

Computer Aided Publishing:
Thomas Ahrens, Hamburg
Druck: Holzmann Druck, Bad Wörishofen
Bindearbeiten: Conzella Verlagsbuch-
binderei Urban Meister, München
Printed in Germany

ISBN 3-922 938-21-3

Inhaltsverzeichnis

»Der Deutsche hat für den Komplex des Daseins eines wirklichen Wesens das Wort Gestalt. Er abstrahiert bei diesem Ausdruck von dem Beweglichen, er nimmt an, daß ein Zusammengehöriges festgestellt, abgeschlossen und in seinem Charakter fixiert sei. Betrachten wir aber alle Gestalten, besonders die organischen, so finden wir, daß nirgend ein Bestehendes, nirgend ein Ruhendes, ein Abgeschlossenes vorkommt, sondern daß vielmehr alles in einer steten Bewegung schwanke.«

Johann Wolfgang Goethe

Der hilflose Aufklärer
Karl Marx und die Marke

Eigentlich hatte er sich nach dem Gespräch mit Friedrich Engels gestern abend vorgenommen, früh in die Bibliothek des British Museum zu gehen und endlich das Kapitel über »Die Ware« anzufangen. Die Hauptargumente waren im Gespräch mit dem Freund nochmals erörtert worden, und die Abschnitte hatte er während der schlaflosen Passagen der Nacht noch einmal gegliedert – fertig zum Schreiben. Doch dann kam ihm morgens das Gespräch mit seiner Frau dazwischen. Jenny suchte seit längerem ein Geschenk für die Tochter, ein Mantel für den Winter sollte es sein. Es wurde schon kühl und also dringlich. Nun ging es beim Frühstück um Schnitt und Aufschlag, Kragengröße und Farbton. Und während seine Frau Urteile zu diesem geschmacklichen Kleinkram von ihm hören wollte, dachte er an sein Kapitel, in dem die kapitalistischen Hintergründe für all diese Waren-Faszination sichtbar werden würden. Wieder einmal konnte er nicht so recht nachvollziehen, was am Kauf eines Damenmantels so kompliziert sein sollte. Er kannte die endlosen Gespräche um passende Geschenke und hatte Stunden seines Lebens in Geschäften verbringen müssen, nur um den Geschmacks-Entscheidungen seiner Familie schließlich den Segen zu geben. »Karl«, verabschiedete ihn Jenny schließlich, »ich möchte ihn diesmal aber in der Brompton Road kaufen.«

»Wie bitte? Warum nicht gleich beim Hoflieferanten?« grummelte Karl Marx und trollte sich. Nicht nur hübsch und modisch sollte der Mantel sein, nun mußte er auch noch aus einem besonderen Geschäft stammen! Trägt er sich deshalb besser? Abgesehen von den Kosten, war ihm diese Seite des Kaufens immer besonders überflüssig und unvernünftig erschienen, obwohl er nicht umhin konnte, sich einzugestehen, daß auch er lieber eine Havanna rauchte – aber diese Preise! Dennoch oder vielleicht gerade deshalb: Derartig ruhelose Beschäftigung mit den Waren wollte er in dem neuen Kapitel behandeln. In durchaus aufklärerischer Intention: Waren sollten Gebrauchs-Gegenstände sein – und bleiben. So hatte er es gestern mit Engels nochmals ausführlich festgelegt. Die Beschäftigung mit ihnen sollte die Menschen nicht mehr derartig gefangennehmen. Vielmehr sollte der käuflichen Dinge fesselnde Kraft durch rationale Sachnutzung ersetzt werden.

Doch nun hatte ihm der frische Tag schon wieder jene Ansicht der Waren beschert, die ihn so erzürnte – ihre eigentümliche Gewalt über die Seelen derjenigen, die mit ihnen in Berührung kamen. Jennys Beschäftigung mit dem Mantel und die zu erwartende höchst überflüssige Debatte darüber, wo man ihn kaufen solle, hatten ihm nur nochmals die Dringlichkeit der Aufgabe vor Augen geführt. Hatte sich eigentlich Jenny mit dem Mantel oder der Mantel mit seiner Jenny beschäftigt? Er liebte seine Frau und verstand ihre Fürsorge, aber diese Verfallenheit an die Waren war doch irgendwie entwürdigend. Was bewegte die Gemüter nur, was fesselte die Seelen der Menschen? Warum drückten sie sich die Nasen platt an Schaufenstern oder drängelten sich in den Geschäften? Der Mangel konnte es nicht sein, denn auch die Reichen, die im Luxus lebten, zeigten dieselben Symptome. Schlummerte in der Ware mehr Wert als der Mehrwert? Man mußte diese turbulente Erscheinung ökonomisch zu fassen bekommen und den Menschen den Weg herausweisen aus diesem Zaubergarten der Warenwelt. Und während er voller verwirrender Bilder steckte, eilte er, vorbei an den unzähligen Schaufenstern, zornig in die Bibliothek, setzte sich an seinen Platz und begann zu schreiben – »Der Fetisch-Charakter der Ware und sein Geheimnis«.

Karl Marx hat in diesem Kabinettstück politökonomischer Weltliteratur das Geheimnis auf seine Weise zu lüften versucht. Im Ersten Band seines Werkes »Das Kapital« ist ihm dabei vor etwa einhundertfünfundzwanzig Jahren erst einmal eine anschauliche Charakterisierung dessen gelungen, was er zu entzaubern versuchte: die Aura des Produktes.[1] »Eine Ware scheint auf den ersten Blick ein selbstverständliches, triviales Ding« schreibt er. »Ihre Analyse ergibt, daß sie ein sehr vertracktes Ding ist, voll metaphysischer Spitzfindigkeit und theologischer Mucken. Soweit sie Gebrauchswert, ist nichts Mysteriöses an ihr . . . aber sobald sie als Ware auftritt, verwandelt sie sich in ein sinnlich übersinnliches Ding.« Am Beispiel eines Tisches erläutert er diese, ihn in hohem Maße irritierende Verwandlung: »Es ist sinnenklar, daß der Mensch durch seine Tätigkeit die Formen der Naturstoffe in einer ihm nützlichen Weise verändert. Die Form des Holzes zum Beispiel wird verändert, wenn man aus ihm einen Tisch macht. Nichtsdestoweniger bleibt der Tisch Holz, ein ordinäres sinnliches Ding.« Doch wird er irgendwo zum Verkauf angeboten, so »steht er nicht nur mit seinen Füßen auf dem Boden, sondern stellt sich allen anderen Waren gegenüber auf den Kopf und entwickelt aus seinem Holzkopf Grillen, viel wunderlicher, als wenn er aus freien Stücken zu tanzen begänne.«

Das tote Objekt wird plötzlich lebendiges Subjekt, der Sach-Gegenstand erhält eine zusätzliche Eigenart – er entwickelt eine geheimnisvolle Kraft. Als wolle er dieser Eigenwilligkeit endgültig den Garaus machen, holt der Atheist und Philosophenspötter zu noch kräftigerem Hieb aus: um die »phantasmagorischen Bilder« der Menschen von den käuflichen Dingen richtig zu erfassen, »müssen wir in die Nebelregion der religiösen Welt flüchten. Hier scheinen die Produkte des menschlichen Kopfes mit eigenem Leben begabte, untereinander und mit den Menschen in Verhältnis stehende selbständige Gestalten. So in der Warenwelt die Produkte der menschlichen Hand. Dies nenne ich den Fetischismus, der den Arbeitsprodukten anklebt, sobald sie als Waren produziert werden, und daher von der Warenproduktion unzertrennlich ist.«

Kann man es drastischer formulieren? Zwar führt Karl Marx der Zorn die Feder, aber vielleicht gelingen ihm gerade deshalb so anschauliche Bilder für etwas an der Ware, was vom Produkt deutlich zu unterscheiden ist – wir nennen es die Marke. Wenn er auch den Begriff nicht kennt, so muß man diese seine Stelle als eine erste Darstellung des Markenartikels lesen. Dem Marktteilnehmer und Familienvater Karl Marx gelingt die brillante Schilderung der Lebenserfahrung »Produkt-Marke«, die er als Kunde sicherlich tausendfach gehabt hat; der verbissene Rationalist in ihm macht sich nun auf den Weg, dieser Faszination durch Marke in höchst komplizierter Manier auf den Leib zu rücken.

Wir wissen heute, daß er dabei nicht weit gekommen ist. Was sich zwischen den käuflichen Dingen und den Menschen abspielt, entzieht sich der erzieherischen Vernunft und verweist uns allerdings in die Nebelregionen der Metaphysik und Theologie – wenn man darunter die Freude an selbstgeschaffenen Gestalten und Geschichten, Märchen und Mythen versteht, die unser Gemüt in so vielfältiger Weise beschäftigen. Mit eigenem Leben begabte Ding-Gestalten sind für den nach kausalen Abhängigkeiten suchenden Rationalisten nicht akzeptabel – und doch: War nicht die nervöse Eindringlichkeit seiner Frau heute morgen wieder ein Beleg für die irritierende Lebenswirklichkeit eben dieser Gestalt-Selbständigkeit? Für etwas an den Produkten, was ihrem Gebrauchswert erst die typisch menschliche Dimension verlieh? Der Auftritt des gewünschten Mantels auf der Bühne der Warenwelt machte aus einer nützlichen Sache ein schillernd-schönes Faszinosum – begehrenswert und Anlaß zu vielfältigen Seelenerregungen. Die starken Worte des Karl Marx treffen ins Schwarze – denn diese Eigenlebendigkeit von Marke kann kaum aktiv genug eingeschätzt werden. Natürlich ärgert ihn das Metaphysische und Theologische, wie er es erbost nennt, aber die »Mucken« und »Nebelregionen« lassen sich davon offensichtlich überhaupt nicht beeindrucken. Im Gegenteil – mit der Ergänzung des Marktplatzes durch den Weltmarkt nahm ihre Bedeutung ständig zu. Das Markenhafte am Produkt wird immer wichtiger. Es bildet einen Erfahrungsbereich sui generis.

Im folgenden wird er entfaltet werden. Der hier eingenommene Blick auf Marke ist durch Wucherungen des rationalistischen Marketing verstellt worden. Hans Domizlaff war vor fünfzig Jahren schon mit diesem Thema unterwegs, weshalb man ihn auch den Marken-Fürsten genannt und zum Begründer der Marken-Technik gemacht hat. Wir wollen diesen Faden wieder aufgreifen.

Marke ist ein auf geheimnisvolle Weise mächtig wirkender Vorgang. Auch wenn die eingangs erzählte Szene im Marx'schen Haushalt vielleicht erfunden ist, so möge sie doch zeigen, daß auch dort das Lebewesen Marke seine gestaltenden Fäden gezogen hat. Sicher hat die Mutter sich durchgesetzt und, im Rahmen ihrer finanziellen Möglichkeiten, den Mantel für die Tochter an jener Stelle erworben, an der am meisten Marke für sie kaufbar war. Es ist nicht damit getan, Käufliches als bloßen Gebrauchsgegenstand, als generisches Produkt zu deklarieren. Zusätzliche Kraft wird es erst als individuelles Gesicht. Das vermeintlich Übersinnliche der Marke ist auf besondere Weise konkret sinnlich. Aufklärer sind dieser geistigen Sinnlichkeit gegenüber und den entsprechenden Beziehungen der Menschen zu den Dingen allerdings immer recht hilflos. Jenny wird es ihrem Mann – trotz seines großartigen Kapitels – wieder bewiesen haben. Und er hat es ihr in seinen schönen Passagen ja eigentlich auch eingestanden.

---

[1] Karl Marx: Das Kapital; Kritik der politischen Ökonomie. IV. »Der Fetisch-Charakter der Ware und sein Geheimnis« im 1. Kapitel »Die Ware« im I. Band, veröffentlicht 1867; zitiert aus Kröners Taschenausgabe, Stuttgart 1957, Seite 49 ff.

Seid umschlungen, Millionen
Die Marke als Bündnis

Der Markenartikel ist eine vertrauensbildende Maßnahme. Als Begegnungsweise zwischen einem Hersteller und einem Kunden wirkt das an ihm vertraut, was Marke ist. Unser Marktbild von den hungrigen Mäulern, die nach den vorgeworfenen Brocken schnappen, hat sich ergänzt: die Produkte, die jemand herstellt und verkauft, werden zu einem vertrauensvoll gereichten und gesuchten Gegenstand. Das gekaufte, fremde Ding wird durch seinen Marken-Charakter zum Freund. Das Marktgeschehen erhält neue soziale Stabilitäten – der Markenartikel führt in den anonymen Warenbetrieb etwas von jenem Marktgeschehen ein, das durch die persönliche Bekanntschaft zwischen Bauer und Hausfrau einst den Kartoffeln ihre besondere Güte gab. Das »blinde« Vertrauen, mit dem jene Dinge von Hand zu Hand gingen, wird durch den Markenartikel neu ermöglicht. Im konkurrenziellen Wirtschaftsmarkt wird eine hochbedeutsame Vertrauens-Struktur erkennbar.

Einfallsreiche Männer sind daran ursächlich und schöpferisch beteiligt. Vor etwa einhundert Jahren entwickelte sich die Vorstellung, den Massengütermarkt nicht nur skrupellos mit Billigwaren zu überschwemmen, sondern Produkte herzustellen, auf die jedermann sich verlassen konnte. Jedermann, nicht nur alter Adel oder neue Schlotbarone. So begann jemand, Autos zu bauen (Benz), ein anderer hatte die Idee mit dem Backpulver (Oetker), ein dritter wollte mit guter Literatur bilden (Reclam), ein vierter kümmerte sich um unsere gepflegte Erscheinung (Schwarzkopf). Ihre Einfälle verselbständigten sich zu festen Vorstellungskomplexen, zu denen zu greifen, mit denen zusammenzugehen risikolos wurde.

Bis es zu einem solch festen Bündnis kommt, ist es oft ein langer Weg. An seinem Anfang aber wirkt bereits die menschliche Vorstellungsfähigkeit. Der Hersteller nämlich muß sich in eine mögliche Lebenssituation von Mitmenschen hineindenken. Wenn man den Gedanken der Bedürfnisbefriedigung als die Bereitschaft eines Menschen zur eigenen situativen Handlungsgestaltung versteht, dann ist der potentielle Hersteller von Waren jener, der sich beim Herausbilden eines neuen Produktes in seine potentielle Clientèle versetzt. Durchaus im Unterschied zu jenen Erfindern, die auf den skurrilen Erfinder-Messen zusammentragen, was Tüftlern und Eigenbrötlern eingefallen ist. Sicherlich braucht der Unternehmer eine Idee; zugleich aber bedarf er zusätzlicher Einfühlungsgabe in den Lebenshorizont seines möglichen Kunden. Schon hier muß er beginnen, ihn zu lieben. Denkt er bereits an dieser Stelle verächtlich von ihm, wird sein Produkt für den Kunden nie zur Marke werden. Schon die Produkt-Zeugung ist die Folge eines verständnisinnigen Bündnisses.

Die Phantasie im Sinne des Hineindenkens in andere Menschen ist vom Anthropologen Arnold Gehlen zutreffend als »elementares Sozialorgan« beschrieben worden. Sicherlich haben auch Pflanzen und Tiere Geist, den man als gebundene Vorstellungsfähigkeit sehen kann. Eine Pflanze wächst immer gerade so lange, bis sie ihren Lebensimpuls erfüllt hat, und die Bienenkönigin legt soviel Eier, daß ihr Schwarm weiterleben kann. Doch beim menschlichen Organismus ist diese Vorstellungskraft offensichtlich weiter gereift – wir haben uns geistige Greifarme herangebildet, die an Leistung und Geschmeidigkeit alles Ähnliche übertreffen. Mit Hilfe der Phantasie kriechen wir überall hin und hinein. Durch Lesen oder Fernsehen versetzen wir uns ununterbrochen in anderer Menschen Lebensumstände, in die Welt des Zirkus und der Moleküle, in die Welt der Musik und des Sports, des Taubenzüchtens und der Antike, der Riesen und Zwerge. Unsere Phantasie ist das Lasso, mit dem wir uns andere Welten ins Zimmer und in die Seele holen. Aber auch: mittels dessen wir uns verschleppen lassen in andere Zustände, ». . . raus aus dem Haus, zurück zwar den Blick auf das Glück, doch aufgeregt und gut aufgelegt, so macht das Sinn, irgendwohin . . .«, um es in der Rhetorik eines Hamburger Hafenrundfahrt-Kapitäns zu sagen.

Das produktbezogene Hineinversetzen in Situationen anderer Menschen geschieht nicht nur zwischen Hersteller und Kunde. Der Händler spielt beim Bilden einer neuen Marke eine ebenso bedeutsame Rolle wie der sogenannte Konsument. Sein Handlungsort wird vom Hersteller vielfach erwogen und bedacht, seine Regalplätze und sein nervöses Gespür für Neugier oder gar dauerhaftes Interesse seiner Kundschaft werden beschworen. Wie wird der Handel darauf reagieren? Nimmt er die Ware an? Auch umgekehrt laufen solche Vorstellungsspiele. Die Händler beschäftigen sich mit den Herstellern ihrer Waren. Welche Schwächen können sie bei ihnen entdecken, welche Verhandlungslinie einschlagen? Erst recht ist der Konsument vielfach mit jenen beschäftigt, die ihm Waren zu Gesicht bringen. Immer wieder geht er erwartungsvoll durch die Läden seiner ihm vertrauten Händler – auf der Suche nach Schönem, Anregendem, auch Praktischem. Hat er etwas gefunden, beschäftigt ihn die Ware umfänglich, wenn er sie auspackt, benutzt oder den nächsten Einkaufszettel schreibt.

An diesem wechselseitigen und vieldimensionalen Vorstellungsgewebe spinnen auch die Designer in den Agenturen, die

Techniker in der Produktion und die Vertriebsspezialisten jeweils auf ihre Weise mit. Was wir in unserer verkürzenden Sprechweise das Marktgeschehen nennen, ist daher auch als ein verwickeltes Spiel von Vorstellungen und Vorstellungen über Vorstellungen zu beschreiben. Eine Blickweise, die uns nochmals einen Schub weiter weg von sensualistischen Bedürfnismechanismen entfernt. Vielmehr wird hier besonders deutlich: Marken sind vergegenständlichte Beziehungen. Sie entstehen aus den Absichten der Macher, für ihre Kunden etwas zu tun; und gleichermaßen aus der Anerkenntnis durch eben diese Kunden. Beide Seiten müssen einander nicht persönlich kennen und sind dennoch in Gedanken und Vorstellungen aufeinander bezogen und voneinander abhängig. Als Marke bilden alle ein verpflichtendes Komplott.

Durch die gewissenhafte Sorgfalt, mit der große Unternehmer ihre Produkte herstellten, sicherten sie unseren Vorfahren gleichbleibende Güte zu. Diese dankten es ihnen durch Treue. Als treue Kunden trugen sie dazu bei, daß es sich herumsprach, in welch verläßlicher Weise eine Geschäftsreise in einem Benz-Automobil getätigt werden oder ein galanter Abend durch das Shampoo von Hans Schwarzkopf unterstützt werden kann. Noch heute ist die Götterspeise aus den Tütchen von Dr. Oetker Anlaß zu stimmungsvollen Versammlungen – ein Kindergeburtstag ohne Glibberpudding ist kein Kindergeburtstag. Und was die Kinderhorde übrigläßt, teilen sich heimlich in der Küche die Eltern.

Nomen wurde omen. Der Name wurde zum Zeichen für eine Wahrheit: in Verbindung mit mir bist du stark beim Gestalten einer bestimmten Situation. Die Gestalt-Umrisse einer Marke begannen sich zu bilden. Gewissenhaft kontrollierten die Hausherren ihr Produkt, denn lieber wollten sie Geld als Vertrauen verlieren. Und: sie ermöglichten den Kauf zu einem Preis, der es vielen erlaubte, mit der Marke deren

Eigenkraft zu nutzen. Preiswertes Vertrauen. Marke als menschheitumspannendes Bündnis.

Die anthropologische Begabung zur Marke

Denn der Mensch ist ein Bündniswesen. Durch das Spiel der – wie die Alten sich ausdrückten – Großen Mutter Natur ist er ein Organismus geworden, dessen Instinktstruktur sich in besonderer Weise verfeinert hat. Im Unterschied zu anderen Lebewesen kann er den Lebensimpulsen durch die steuernden Beiträge seines Verstandes vielfältigere Formen geben. In dem Maße, in dem er entwicklungsgeschichtlich seine Tierheit vergeistigte, veränderte er gleichzeitig die Arten seiner Einbindungen in den Kosmos. Instinktive Automatismen wandelten sich zu beweglicheren Kulturbindungen. Leben Pflanze und Tier in jeweils unausweichlicher Umgebung, bildeten wir Menschen uns »weiche« Behausungen. Die vegetativ-animalischen erweiterten wir durch mentale Willenskomponenten. So wurden wir freier – freier jedoch nur zu selbstgestalteter Bindung.

Unsere Begabung zu formschöpferischer Ausdrucksvielfalt enthebt uns nämlich nicht der Notwendigkeit, Bündnisse einzugehen. Unsere Vorstellungskraft geht weiterhin einher mit dem Willen, uns anderen Gestalten anzuschließen. So sind wir zwar zu jedweder Sprache begabt und frei, sie zu wählen, binden uns aber erst einmal an jeweils eine, die wir sinnfälligerweise als unsere Muttersprache bezeichnen. So können wir, von unserer organischen Ausstattung her gesehen, überall auf dem Globus leben, finden aber unsere erste Form als Zeitgenosse durch unsere örtlichen Gewohnheiten. So spüren sich Menschen in allen Ländern von höheren Mächten umgeben, binden die dadurch angeregten Vorstellungen aber zunächst in die vielfältigsten Götterbilder ihrer jeweiligen Religion und

Region. Häufig aus den unbekannten Tiefen der Geschichte stammend, umgeben uns derartige Ausdrucksballungen, und niemand von uns kommt ohne sie zu sich selbst.

Denn diese geistigen Wesenheiten, diese überpersönlichen Organismen sind unser erstes Lebensfutter. Die deutsche Sprache, die Art und Weise, sich zu ernähren, die uns umgebende Musik, die Farben und Gerüche, die für unsere Gegend, für unsere Familie typische Weltsicht – in all diese vorhandenen Ideenorganismen knabbern und fressen wir uns nach Herzenslust hinein und bauen dadurch unsere eigene Person auf. Ohne derartige Bindungen können menschliche Organismen nichts mit ihrem Leben anfangen, sie hätten kein inhaltliches Material. Derartige geistige Bündnisse sind daher unausweichlich und notwendig. Nicht aber entpersonalisiert uns derart Zwingendes. Im Gegenteil: unser Wille zu solchen Einverleibungen ist ausgeprägt und kräftig, er kommt aus unserem innersten Wesen. Der Kieler Sozialwissenschaftler Ferdinand Tönnies[1] bezeichnete derartige Bündnisse daher als wesenwillig. Unsere Freude an solch örtlicher Seelennahrung befeuert unser Baby- und Kindergemüt, und was wir auf diese Weise in uns aufnehmen, geht uns über »in Fleisch und Blut«.

Auf- und anbauend erweitern wir diesen Sockel im Laufe des Lebens. Unsere größere Selbständigkeit ermöglicht uns dann allerdings abwägendere Auswahl bei der Suche nach Verbündeten. Unsere selektierenden Verstandeskräfte spielen jetzt deutlicher mit, wir denken uns mehr dabei, wenn wir uns binden. Wir können Gründe nennen, warum wir etwas oder jemanden erkoren haben. Tönnies nennt diesen Bündnis-Typ daher kürwillig: obwohl auch beim wesenwilligen Bündnis uns unser Denken immer begleitet, ist der Verstand doch in der kürwilligen Verbundenheitsart deutlicher leitend. Nun suchen wir eifrig und gar eifernd nach neuen Inhalten, und die Lust an neuen Gestalt-Einbindungen wird selber zu belebender Freude.

Seltsamerweise zeigt sich der Himmel übervoll derartiger Gestaltungen. Und wie Lebewesen verfügen sie über eigene Kräfte. Rasch stellen wir nämlich fest, daß es Zehntausende von Sprachen gibt, Hunderttausende von Göttern und Kochrezepte millionenfach. Wie die Wolken am Himmel quellen uns von jenseits unseres Horizontes immer neue solcher Wesen entgegen. Wir verbinden uns mit solchen Vorstellungen vom Leben; und fühlen und verstehen uns später deshalb als Hamburger oder Deutsche oder Weiße und grenzen uns als HSV-Fan deutlich ab von so etwas wie Bayern-München oder gar den Benediktiner-Mönchen des Klosters in Fulda. Derartige zum Bündnis einladende Gestaltwesen gibt es ungezählte. Unter ihnen ist nun ein junges Geschwister – die Produkt-Marke.

Vielleicht sollte man sie als geistiges Kleinlebewesen bezeichnen – obwohl ja der Tee des Earl Grey, die Würze des Julius Maggi und Coca-Cola auch schon ihr Jahrhundert und mehr auf dem Buckel haben. Sie unterscheiden sich von solchen Großorganismen wie der Katholischen Kirche oder Deutschland zwar in vielerlei Hinsicht, nicht jedoch darin, daß auch sie zu jenen Gedankengebilden unseres Kulturlebens gehören, die unserem Gestaltungswillen entstammen und unsere Vorstellungskraft füttern. Ein Gespräch über Nestlé-Kleinkindnahrung mit einer erfahrenen Freundin ist für eine Mutter ebenso wichtig wie ihr Gespräch mit dem Pastor über den Lieben Gott anläßlich der bevorstehenden Taufe. Wer diese Gleichsetzung als Blasphemie versteht, sollte sich noch ein wenig bemühen: obwohl es sich um zwei durchaus unterschiedliche Lebenssituationen handelt, ist unsere Vorstellungskraft bündnissuchend gleichermaßen tätig. Beide vorgestellten Bündniswesen sind Menschenwerk, und beide sind für das Tagwerk dieser Mutter immens hilfreich. Daß das eine Bündnis möglicherweise fragiler ist als das andere, wird uns gleich noch beschäftigen.

Hier soll zuvörderst deutlich werden, daß das Bündnis mit Kouros oder Hermès, damit möglicherweise gegen Pitralon oder Angelo Litrico, ein durchaus gleicher Bündnisvorgang ist wie jener, der uns zu einem Firmen- oder Religionsangehörigen macht. Hans Domizlaff hat diese strukturelle Gleichheit im Vorwort seines Lehrbuches zur Markentechnik vor vierzig Jahren zutreffend formuliert:[2] »Die Kunst der Erzeugung eines zuverlässigen Markenvertrauens ist nicht nur innerhalb der Weltwirtschaft für den Wettbewerb in Leistungssteigerungen und der Ideenauslese von größter Wichtigkeit, sondern zugleich auch für die Selbstbehauptung großer Gemeinschaften der Politik, der Wissenschaften und der Kultur . . . Leider ist diese schwerwiegende Tatsache fast unbekannt.« Er sieht das »Marken-Vertrauen« als anthropologische Strukturkomponente und als »auf das ganze menschliche Dasein übertragbar.« Ob als Deutscher, Heideggerianer oder Ernte 23-Raucher, ob als würdigender Kenner von Siemens-Produkten, Verehrer und Sammler der Archiv-Produktion der Deutschen Grammophon oder Mitglied des Vereins zur Hütung des Grals-Gedanken, e.V. – immer bin ich jemand, der sich mit einem vorhandenen Ideenorganismus verbündet und durch eben diese Einbindungen sein eigenes Naturell inhaltlich in bestimmte Richtung und auf Trab bringt. Welche Inhalte es im einzelnen sind, bestimmen sowohl mein Schicksal wie auch ich selbst.

Bündnis-Qualitäten

Denn schicksalhaft ist der Kranz jener Marken, die mich in der Stunde meiner Geburt bereits umgeben. Zu ihnen habe ich ein privates Verhältnis. Zur deutschen Sprache ist es beispielsweise derart intim, daß viele Auswanderer, obgleich schon fünfundzwanzig Jahre im fremden Land, am liebsten deutsch sprechen, wenn ihnen so richtig »innig« ums Herze ist. Zum Deutsch-Sein ist ihr Verhältnis schon weniger fest. Viele Züge verschleifen sich, und vielleicht sind nur die Art, den Garten zu umzäunen und die Buchführung zu organisieren, erkennbare Zeugen einer längst vergangenen Kindheit. Oft entdeckt man in solchen Haushalten dann aber die Singer-Nähmaschine oder einen Miele-Kochherd, und zu Weihnachten lassen die Konfitüre aus Bad Schwartau und die Nürnberger Lebkuchen in der großen weiten Welt den Duft von Heimat entstehen. Kaum einem Dritten kann man diese Intimität der Marken-Bindung erklären. Obwohl in den Kulturwissenschaften wegen ihrer Trivialität nicht beachtet, zeigen sich derartige Bündnisse mit Produkt-Marken ebenso bedeutungsvoll für die Personbildung wie Nachbarschaften oder Bildungsmilieus.

Das Marken-Produkt auf unserem Eßtisch, im Putzschrank oder in unserer Garage ist eben nie zufällig dort. Sein Vorhandensein steht immer im Zusammenhang mit einer kleinen Lebensgeschichte. Meist ist es die häusliche Tradition, die dazu geführt hat, daß die Kellogg's Corn Flakes und der Darboven-Kaffee zum Frühstück gehören, möglicherweise der Langnese-Honig zum Sonntagsfrühstück. Unsere Frühstücke bestehen aus solchen Gläsern, Packungen und Kartons. Es ist kein Sonntag, wenn der Langnese-Honig fehlt. Und wenn er an einem Freitag gedeckt wird, fragen die Kinder erstaunt: »Ist denn heute Sonntag?« »Nein«, antwortet die Mutter, »aber ich dachte, zur Feier des Tages – wir haben heute Hochzeitstag.«

Unsere Gewohnheiten sind auf diese Weise angefüllt mit Marken. Der Märklin-Baukasten ist heute umzingelt von den Lego-Burgen; playmobil und fischertechnik schließen sich an.

Imitationen derselben werden sogleich erkannt und je nach familiärer Markenlage, gewürdigt oder ausgesondert. Die Kämpfe um die Cola setzen in deutschen Haushalten dann ein, wenn die Kleinen die Lust an Amerika zu spüren beginnen. Wie ein Virus setzt sich die erste Flasche mit der braunsüßen Flüssigkeit auf dem Mittagstisch fest. Und wenn auch erst nach Jahren – irgendwann gibt die deutsche Mutter den Kampf gegen die vermeintlich schädliche Limonade auf, und das Selters oder der Altländer Apfelsaft bleiben fürderhin den Oldies reserviert. Auf dem Schulhof wird unterdessen genauestens unterschieden zwischen den Wranglers und den Levi's, zwischen Puma und L.A. Gear. Und während Susanne zu erkennen beginnt, daß sich mit dem Namen Persil das richtige Waschmittel verbindet, lernt Fritz, daß Ford das richtige Sortiment für gute Autos bereithält. Auf diese Weise bilden sich unsere Vorlieben für Marken. Bei uns für diese – bei anderen für andere.

Solche Vorlieben verdichten sich zu Vorurteilen. Gefragt, warum wir nicht eine andere Marke wählen, verteidigen wir die unsere als »praktischer«, »besser schmeckend«, »weißer waschend« und »irgendwie bequemer«. Der Kampf zwischen Coke und Bismarck-Quelle läuft bekanntlich über die Gesundheitsschiene. Aber an Vorlieben prallen Gründe ab wie Tennisbälle an der Trainingswand. In eine Liebe läßt man sich nicht reinreden – es geht nicht um Gründe, es geht um ein kleines Geheimnis. Und Geheimnisse sind noch so einsichtig vorgetragener Kritik von außen nicht zugänglich. Blinde können Sehenden nichts von schönen Farben erzählen. Also rationalistische Argumente nichts einem Marken-Bündnis.

Die prüfende Vernunft

Und doch spielt die Vernunft kräftig mit. Nicht aber von außen, sondern von innen, nicht die Vernunft der anderen, sondern die eigene. Denn die Marke hat ein Produkt. Als guter Engel schwebt sie über ihm, aber: wenn das Schöne an Engeln ist, daß man ihnen glaubt – Produkte kann man prüfen!

Daher zum ersten: Im bündnissuchenden Marken-Liebhaber steckt auch ein heller Kopf. Jedem vertrauensseligen Griff nach der Marke folgt die unerbittliche Prüfung des Produktes. Dem Vorurteil folgt das Urteil, der Liebe die nüchterne Prüfung der Mitgift. Besteht das Produkt die Prüfung, bleibt der Bündnis-Wille zur Marke unbeschadet. Aber wehe ihr, wenn nicht! Wie ein Holzwurm frißt sich das Mißtrauen in altgewachsenes Vertrauen. Möglicherweise erst nicht wahrgenommen und eigener Unaufmerksamkeit, ja unangemessener Behandlung zugeschrieben: »Das muß wohl mein Fehler sein.« Doch dann klappert der Motor auch beim neugelieferten Ersatzwagen, oder der Hackenabsatz der Schuhe fängt wieder an zu wackeln. Plötzlich sagt die Großmutter: »Ist dir auch schon aufgefallen, in letzter Zeit schmeckt der Kaffee nicht mehr wie sonst.« Der Production-Manager, der bei Übernahme der Marke die Mischung oder die Röstung unmerklich verändern ließ (»Wir haben das abgetestet – hat niemand gemerkt, im Gegenteil«) und, vielfach belobigt, die geringeren Produktionskosten in die Bilanz einbrachte, bekommt nach zwei Jahren die Quittung: der Prüfung beim Kunden folgt nicht mehr der blinde Griff an dieselbe Stelle im Regal. Unter dem Lack der Verkaufszahlen wühlte längst der Rost des tausendfachen Zweifels. Die Korrosion der Marke durch den prüfenden Verstand. Plötzlich ist es vorbei.

Und somit zum zweiten: Diese Vernunftwilligkeit ist jener vielgepriesene homo oeconomicus, der sich als kalkulierender Marktteilnehmer rational verhält und also allein vernünftigen Argumenten zugänglich ist. Seine Prüffähigkeit ist Ausdruck jener Beziehung zum Marken-Produkt, die dem Verbraucher innerhalb seines *Glaubens* auch ein *Meinen* ermöglicht. Diese Meinungsfähigkeit wird dabei als ein nicht-manipulierbares Vermögen zur eigenen Urteilsbildung verstanden. Wer auch immer was wie mit wem versucht – der Angesprochene wird auch als jemand gesehen, der sich selbst »eigene« Meinung zu bilden vermag.

Diese Beschreibung der Konsumenten als freie, urteilsfähige Individuen unterstellt eine Bündnis-Wirklichkeit, die Ferdinand Tönnies in Abgrenzung zur *gemeinschaftlichen* als *gesellschaftliche* Verbundenheitsform bezeichnet. Während das Verhältnis zur Marke charakteristische Merkmale einer gemeinschaftlichen, d.h. unausweichliche, durch leibliche Gemeinsamkeit entstandene Gestalt-Nähe hat, ist das Verhältnis zum Produkt durch kündbare, durch eigene Meinungsurteile veränderbare Beziehungskomponenten gekennzeichnet. Ein solches gesellschaftliches Verhältnis ist, so Tönnies, »seinem Wesen nach rational oder doch (ein) nach Rationalität strebender Zustand . . . Die Individuen stehen gleichberechtigt und mit gleichen Ansprüchen nebeneinander. Jeder kann den anderen belehren . . . (Aber) auch die Mitteilung von Meinungen, die zur Annahme solcher Meinungen überreden will, wendet sich an das eigene Urteil des Angeredeten oder des Lesers. Sie gibt dafür Gründe, die ihm einleuchten sollen, aber die er auch prüfen und verwerfen kann.«[3]

Derartige Rationalität hat viel mit dem zu tun, was wir als Öffentlichkeit bezeichnen. Für Tönnies ist »die Öffentliche Meinung« eine Denkungsart, deren Subjekt ein »wissendes, gebildetes, unterrichtetes Publikum« ist, das sein »Meinen auf

Denken und Wissen, anstatt auf ungeprüften Vorstellungen, auf Glauben und Autorität aufbauen will.« Dieses Publikum ist zwar nur ein »idealisches«, wie sich der alte Johann Gottfried Herder einmal ausdrückte, also eines, welches nur als gedachter Menschenzusammenhang vorstellbar ist. Nichtsdestotrotz wirkt dieser »idealische« Vorstellungskomplex doch dauernd und überall in der Kundschaft »wie ein Gerichtshof, dessen Beschlüsse oder Erkenntnisse die ideelle Geltung von Richtersprüchen für sich in Anspruch nehmen und, obwohl ohne Beistand von einer vollziehenden Gewalt, eine Macht und Kraft der Ehrung wie der Entehrung, der Emporhebung wie der Vernichtung, der Verherrlichung wie der Verurteilung darstellen.«[3]

Die Bereitschaft eines Unternehmens, sich einer derartigen Öffentlichkeit zu unterstellen und bei Verletzung der für sie geltenden Verpflichtungen mit seiner Marke zurückzutreten, ohne Wenn und Aber dem Anstands-Bündnis mit dem Kunden dadurch Tribut zu zollen, ist ein für die Marke wichtiger Ritterschlag der Vernunft. Damit wird nicht die Ungleichheit zwischen Industrie, Handel und Verbraucher verwischt. Aber innerhalb dieser Verschiedenartigkeit wird ein Element erkennbar, das alle an diesem Wirtschaftsnetz Beteiligten gleichermaßen auszeichnet: die Fähigkeit zu gegenseitigem Anstand und Respekt. Auch in den kleinen Dingen einer Kaffee-Verpackung oder eines Waschmittels.

Kirche und Cola

Hier wird nun auch der Unterschied zwischen Katholischer Kirche und Coca-Cola deutlich: Es sind die Mischungen zwischen wesen- und kürwilligen Anteilen unseres Gemüts, die Mischungen zwischen gemeinschaftlichen und gesellschaftlichen Willensimpulsen. Wenn für beides der Begriff der

Marke im Sinne eines vorgestellten Verpflichtungshorizontes mit jeweiligen Ge- und Verboten verwendet werden kann, so ist die Ergriffenheit doch durchaus intensitätsdifferent. Der Nürnberger Lebkuchen kann für ein altes Auswanderer-Ehepaar viel Ähnlichkeit mit der Oblate haben, die sie zum weihnachtlichen Abendmahl in der Kirche zu sich nehmen – und doch trennt beides Welten im Verständnis dieser Menschen. Der Lebkuchen steht für die Heimat, die Oblate für das Wunder einer erlösenden Kirche. Nürnberg steht für Franken, das sie damals verließen, um in Brasilien neu anzufangen. Die Oblate symbolisiert eine Kraft, die die ganze Welt durchzieht und die damals in der fränkischen Dorfkirche ebenso wirkte wie heuer in Südbrasilien. So ist auch für den US-amerikanischen Manager im Hamburger Colgate-Büro der wöchentliche Besuch mit Kind und Kegel bei McDonald's ein Vorgang, der ein Stück Heimatverbundenheit revitalisiert – und ohne Coca-Cola geht es dabei nicht ab. Die einen lesen Gedichte ihres Jugendpoeten, die anderen ziehen sich das Shirt ihres Minnesota-Football-Clubs an und tanken bei Pepsi exterritorial Seelenstärke.

---

[1] Ferdinand Tönnies: Gemeinschaft und Gesellschaft, Grundbegriffe der reinen Soziologie. Wissenschaftliche Buchges., Darmstadt 1984 (Neudruck der 8. verbesserten Auflage von 1935, zuerst Leipzig 1887), dort 2. Buch

[2] Hans Domizlaff: Die Gewinnung des öffentlichen Vertrauens; ein Lehrbuch der Markentechnik. Neu zusammengestellte Ausgabe, Verlag MARKETING JOURNAL, Hamburg 1982, Seite 55

[3] Ferdinand Tönnies: Kritik der öffentlichen Meinung. Scientia Verlag, Aalen 1981 (erste Auflage 1922), Seite 77

Die Kraft der Gewohnheit
Marken leben wie Sitte und Brauch

Jedes Ding, jedes Waschpulver, jedes Glas Whiskey, jedes Pfund Kaffee kommt – strenggenommen und physikalisch gesehen – als Neuling auf und als Fremdling in die Welt, in die Gaststuben, in die Wohnstuben und die Wasch-Center. Nicht wie die alte hölzerne Standuhr im Fortgang der Zeit mit sich identisch, sondern dem eben verbrauchten Exemplar der Gattung oder sogar derselben Marke höchstens ähnlich. Denn die Kaffeebohne, die ich jetzt mahle, ist nicht dieselbe wie die gestern aufgebrühte, der Whiskeytropfen nicht vom selben Korn, aus demselben Faß wie der letzte Nacht aus einer anderen Flasche derselben Marke genossene. Oder doch? War es nicht die gleiche, auch im Dunkeln tastend zu identifizierende Flaschen-Gestalt, das gleiche Etikett – eben dieselbe Marke, die ich wiedererkenne, die mir vertraut ist?

In ihrem Gewand wird mir, so scheint es, das neue, vielleicht erst gestern produzierte Ding gar nicht erst fremd, sondern sogleich vertraut wie eben jene Standuhr hinter dem Schreibtisch. Selbst bei Naturprodukten wie Apfelsaft oder Kräutertee, deren gleichbleibende Qualität nur in einem gewissen Rahmen gewährleistet werden kann, weht mich kein Zweifel an, wenn das Ding in der vertrauten Gestaltung und als vertraute Gestalt daherkommt.

Auch diese Marke mag einmal neu für mich gewesen sein, unvertraut und ungewohnt, dann durch wiederholte Käufe, durch Gebrauch und Wiedererkennen anderswo – ob im Regal oder in einer Anzeige – hat sie sich meinen Wahrnehmungs- und Lebensgewohnheiten zugesellt. Sie gehört nunmehr zu den Ding-Gestalten, deren Arrangement mein seelisches Zuhause bildet, die in die Zirkulation meines Lebens und gleichsam ins Blut übergehen; womit sie eine ähnlich unauflösliche Verbindung zu mir herstellen wie eine durch Blut und Erbe geschaffene Habe. Die Marke verwandelt unbekannte Substanzen in Elixiere, denen ich meine Kehle, das Gelingen einer Kaffeetafel oder meine Buntwäsche ohne zögerliches Nachdenken anvertraue. Der Markenartikel, so die herrschende Lehre, befriedige Sicherheitsbedürfnisse und lindere die Qual der Wahl. Diese Erklärungen, die eher auf die psychologischen Bedingungen der Verstandestätigkeit abstellen, lassen sich sehr wohl durch eine kultursoziologische Blickweise ergänzen.

Der Mensch ist im Umgang mit seinesgleichen oder mit Dingen ein Gewohnheitstier. Die Marke in ihrer über lange Zeiträume unwandelbaren Gestalt kommt ihm darin sehr entgegen. Mag sein, daß sie ihre Erfindung sogar der Erkenntnis dieser tier-menschlichen Eigenart verdankt; daß man ihr ein sich ständig selbst reproduzierendes, sinnlich identisches Ding-Wesen zur Verfügung stellen wollte.

Gewöhnung und Gewohnheit sind auch der seelische Urgrund, auf dem die Sitten einer Gemeinschaft gedeihen und weiterleben. Dem Außenstehenden einigermaßen fremd schon dadurch, daß sie kaum erklärt oder begründet werden können, zum Zeitgeist und seinen Moden eher ein gespanntes Verhältnis haben und trotz allem und ohne jeden erzieherischen oder schulischen Aufwand unter den Mitgliedern eines Stammes, einer Landesgruppe oder einer Völkerschaft von Generation zu Generation weitergereicht werden. Wie die Sprache, die ihr Leben nicht den Deutschlehrern oder dem Duden verdankt, sondern einer unwillkürlichen und lautlosen Gemeinschaftsarbeit.

Das einzelne Individuum mag Brauch und Sitte für eine Zeit oder ganz vergessen, sich irgendwann vielleicht nur noch an sie erinnern; Tausende, Millionen aber werden sie weiter üben und eben durch ihr Tun aufrechterhalten. Die Menschen, die einer Sitte folgen, sind, ähnlich wie die Millionen Produkte einer Marke, immer wieder andere, eigentlich mir fremde; indem sie aber derselben Gewohnheit huldigen, sind sie mir doch zugleich vertraut. Eher mißtraue ich einem nahestehenden Bekannten, wenn er der alten Sitte nicht mehr folgen will.

Gewohnheit, Sitte, Marke – alle drei leben nicht als Theorie, Idee oder Begriff, nicht als Verstandesprodukte, sondern nur als sinnlich wahrnehmbare Verläufe, Zusammenhänge und Gestaltungen. Ihren Sinn erhalten sie allein durch die Sinne. Deshalb auch erweisen sie sich so streng gebunden an konkrete Einzelheiten: Die fremde Frau darf man ungestraft auf den Mund nur küssen zu Weihnachten unter einem Türbogen, über dem ein Mistelzweig hängt. Die Sitte läßt weder einen anderen Ort noch eine andere Pflanze zu. – Der Vater sitzt an der Familientafel »vor Kopf«, geleitet seine Frau zur Rechten über die Straße und nimmt in geschlossenen Räumen den Hut ab; es sei denn, er ist Jude und muß einer noch strengeren Hut-Sitte folgen. – Zwischen zwei Sätzen einer Symphonie wird man in deutschen Konzertsälen bei Strafe allgemeiner Ächtung nicht klatschen. – Die unzeitgemäßen Schnörkel des Coca-Cola Schriftzuges vollziehen noch immer die Federstriche nach, mit denen der erste Buchhalter der Firma anno dazumal den neuen Marken-Namen auf seinem Cassa-Buch verewigt haben soll. – Deutschlands berühmtester Magenbitter wird noch immer nur in Zwergfläschchen abgefüllt und verkauft; selbst Großverbrauchern ist er nur in dieser einzigen Gestalt zu Diensten. Wer käme jemals auf die Idee, ihn in Literflaschen anzubieten?

»Unbegreiflich, unvernünftig, unpraktisch, unökonomisch« – derlei Verstandesurteile prallen an Sitten, Gewohnheiten und Marken ziemlich wirkungslos ab. Denn diese rechtfertigen sich kaum mehr durch Gründe, sondern sind ihr eigener Grund. Sie pflanzen sich fort, weil sie getan, gelebt, vielleicht sogar geliebt werden.

Die Widerstandskraft von Gewohnheiten – in unserem speziellen Interesse sind es Marken und Marken-Konstellationen eines Menschenlebens – hängt endlich auch damit zusammen, daß sie angenehmer erlebt werden als das Ungewohnte; oder wie Ferdinand Tönnies beobachtet hat: »Was man kennt und kann, das tut man leicht, folglich gern und ist bereitwillig dazu, hingegen je fremder etwas ist, desto pein- oder mühevoller, desto ungerner wird es unternommen.«[1] Bei genauerem Hinsehen also erklärt sich das Festhalten an Gewohnheiten und vertrauten Gestalten nicht aus dumpfer Sklaven-Mentalität, sondern aus der seltsamen Freiheit des Menschen zur gebundenen Freude, zum kräftigenden Sich-Verlieren, zur lustvollen Selbstaufgabe. Er ist so frei, der vertrauten Gestalt mehr Recht über sein Leben einzuräumen als dem neuen, vernünftigen Argument, und sei es noch so schlagend und überlegen. Oder wie eine Frankfurter Hausfrau mit undiskutierbarer, entwaffnender Offenheit erklärte: »Ich weiß schon, Valensina schmeckt besser; aber an Hohes C habe ich mich doch irgendwie so gewöhnt.« Dümmliches Phlegma? Nein: In Treue fest!

---

[1] Ferdinand Tönnies: Gemeinschaft und Gesellschaft, Grundbegriffe der reinen Soziologie. Wissenschaftliche Buchges., Darmstadt 1979, Seite 81

Der strenge Blick des guten Namens
Von der Hoheit der Gestalt

Eine besonders auffällige Eigenschaft von Marke ist es, unser Verhalten in beträchtlichem Ausmaß zu lenken. Für den Gang in die Firma kleiden wir uns zum Beispiel spezifisch. Nicht wegen der Kollegen oder wegen des Chefs, sondern wegen der »Firma«. In einer Halle Marke »Petersdom« greifen wir unwillkürlich nach unseren Kindern und dämpfen die Stimme. Auch im nur geistigen Raum der Kirche neigen wir den Kopf und falten die Hände, um am häuslichen Mittagstisch zu beten. Ähnliche Wirkung hat eine Nationalfahne auf Menschen, die in ihr ein heimatliches Symbol sehen. Ihre Haltung wird feierlich, Gesten der Huldigung oder Ergriffenheit charakterisieren ihre Bewegungen. Oder sie entfacht Haßgeschrei und Zerstörungswut bei jenen, für die sie Feindschaft bedeutet. Wenn die Unterschiede zwischen den Menschen und ihren Handlungen auch so unversöhnlich sind wie zwischen denen, die »Deutschland, erwache!« und jenen, die »Deutschland, halt's Maul!« rufen – in beiden Fällen kann das Handeln der Menschen als Wirken von etwas gedeutet werden, das hier als hyper-personale Wesenheit »Deutschland« gesehen wird.

Weniger dramatisch, aber strukturell doch in gleichem Maße zu verstehen, ist das innere Zwiegespräch eines Managing Directors mit dem längst verstorbenen Unternehmens-Gründer, dessen Firmenkonzept im Vorstellungsspiel des Enkels zu Rate gezogen wird, um im Verlauf der anstehenden Beratungen über ein Investitionsprogramm siebzig Jahre später den Weg zu weisen; vielleicht zwischen einer auf die Firmen-Marke angelegten Expansionspolitik oder einer an Mono-Marken orientierten Konsolidierungspolitik. Der geschichtlich entstandene Sinnzusammenhang des Wortes »Gründer-Firma« hat in einem solchen Dialog nicht nur den Charakter der Person des Firmen-Gründers. Vielmehr wird er als ein lebendiges Willenspotential erlebt, das mit Vorschriften und Verboten, zumindest mit Empfehlungen und Warnungen noch in die Gegenwart hineinwirkt und auf seltsame Weise Gehör erheischt.

Analog ist der Eingriff von benetton und Wrangler in meine Tages-Gestaltung. Zu lockerer Heiterkeit ermuntern sie, im Gegensatz zur eben ausgezogenen Offiziers-Uniform der Bundeswehr, die meinem Gemüt eine andere Richtung gegeben und mich zum Garanten deutscher Souveränität gemacht hatte. Das Gottfried Keller'sche »Kleider machen Leute« ist nicht nur dahingehend zu verstehen, daß aus irgendwelchen Leuten mit Hilfe von Kleidern respektable Menschen werden. Vielmehr illustriert es, daß Kleidungsstücke nur die sichtbaren Elemente eines Wirkzusammenhanges sind, der die Vorstellungskraft vieler Menschen auf das Lebhafteste aktiviert. Indem wir sie wahrnehmen, deuten wir die Kleider. Die Posier- und Verkleidungsnummer läuft nur, weil sie ihrerseits bereits eingebettet ist in die »phantasmagorischen« Interpretationsprozesse unserer Seele. Sie schlägt sich mit unzähligen kleinen Vorstellungsbildern herum, die in den Verschlingungen mit und gegen ihresgleichen als quirlige, ja hungrige Organismen gedacht werden müssen – hungrig nach kleinen und großen Menschlein jeden Alters und aller Hautfarben.

Gleiches ist am Werke, wenn die Elton John-Scheibe das Klassenfest in Schwung bringen soll, wenn der Londoner Börsenjobber angesichts der Königs-Kutsche innerlich Haltung annimmt oder noch die Fernsehübertragung einer

Pariser Prêt-à-porter-Präsentation die Damen auf dem hauptstadtfernen Landsitz innerlich stöhnen läßt. Selbst der zarte Tropfen Chanel hinter einem Ohrläppchen gehört hierher, denn er veranlaßt möglicherweise beschwingteres Eilen, vielleicht zu einem Rendezvous, dem die Marke ein zärtliches Versprechen beimischt. Marken sind nicht nur Lebewesen. Marken sind Lebewesen, die mit mehr oder weniger eindringlichem Blick verkünden, was gilt und was nicht. Marken sind in dem Maße stark, in dem sie Ge- und Verbote beinhalten, die all jenen, die mit ihnen zu tun haben, im Nacken sitzen. Marken sind Ideenorganismen mit Richtlinienkompetenz.

Marke als sozialer Wille

Das mag erstaunen, gar empören – dennoch ist es durchaus erfrischend, dieser Blickweise zu folgen, denn sie erlaubt einige erkenntnisfördernde Kommentare. Ungewohnte, aber wichtige Voraussetzung: man versetze sich ins Innere der Marke, betrachte also die Welt um sie herum mit ihren Augen und sage erstaunt: »Seltsam, mich hat in diesem Regal lange niemand mehr mit Hundeaugen angeschaut!« Sodann erschließt sich etwas, was als normatives Willenspotential beschrieben werden kann.

Diese ungewöhnliche Übung ist allerdings nur im ersten Augenblick ungewohnt. Bei näherer Betrachtung ist zu erkennen, daß wir sie seit langem bereits praktizieren. Unsere Sprechweise verrät es: Die Nachrichtensendungen beispielsweise sind voller Sätze wie »Die USA verlangen. . .«, »Hamburg hat gewählt!«, »Die Koalition ist entschlossen. . .«; wenn wir uns über das letzte Wochenende unterhalten, meinen wir, daß »der FC Bayern erledigt ist«, »der deutsche Schwimmsport nun doch seine Stärke gezeigt hat« oder daß »die Öffentlichkeit den Rücktritt des Trainers verlangt«; im

Büro gratulieren wir jemandem »im Namen der Firma«, schwärmen von einem Gast, weil »solche Männer bringt eben nur Frankreich hervor«, und verkünden, daß »der Konzern nunmehr gewillt ist, die Entscheidungen zu treffen.« Auch unsere Familie ist durchzogen von wollenden Gestalten: »Wir, die Meyers, tun das nicht!« wird die zu kesse Enkelin gemahnt, dort geht »man« nicht hin. Und der alte Gutsherr pflegt dem heranwachsenden Sohn die Hand auf die Schulter und den Blick in die Seele zu legen und ihn für den Tag zu verabschieden mit den Worten: »Auch heute dran denken: Immer ein Klitzewitz sein!«

Solche Sätze haben nicht nur im grammatikalischen Sinne ein Subjekt: USA, Hamburg, FC Bayern, Öffentlichkeit, man, Klitzewitz. Vielmehr verrät diese sprachliche Bestimmung etwas hier viel Bedeutenderes: Unsere Ahnung, daß die mit den Worten gemeinten Wesen mehr sind als die Summe der in ihnen organisierten Menschen. Indem wir solchen Sätzen Sinn abgewinnen und sie selber vielfach sprechen, belegen wir unsere Gewißheit vom Vorhandensein derartiger überpersonaler Kräfte, die als Subjekte, als Handlungsursprünge und -auslöser von uns erfahren und also benannt werden. »Die Kirche hat einen großen Magen«, sagte Dr. Faustus und »Der Staat erwartet mehr von uns als Geld«, hat schon mancher Tüchtige gemahnt. Überall ist die Empfindung zu entdecken, daß hier Organismen Vorgaben machen, die nicht alleine durch eine numerische Addition aller sie Bildenden entstehen. Jean-Jacques Rousseau hat in seiner Unterscheidung zwischen dem Willen aller, seiner »volonté de tous«, und dem Allgemein-Willen, seiner »volonté générale«, eben diesen Unterschied in eine klassische, vor allem staatsrechtlich wirksame Formel gebracht.

Marke ist »volonté générale«. Rousseau hat damit eine Eigenschaft sozialer Lebenseinheiten beschrieben, die keineswegs nur für den Staat zutrifft. Vielleicht ist seine Unterscheidung hier besonders oft propagandistisch verwendet worden, insbesondere, wenn im Namen eines »Allgemeinen Willens« die »volonté de tous« unterdrückt oder ausgelöscht wurde. Doch strukturell ist diese Erscheinung in jeder organisierten Zusammenkunft zu erkennen. Ob im Kegelklub oder einer Geheimgesellschaft, ob in der Kinder-Gang oder einer Terrorbande – ein Gesamtwille wird als vorhanden erlebt, der seine kräftige Stimme erhebt, wenn man wissen will, wo's lang gehen soll. »Die Powenz-Bande duldet keine Feiglinge!« Wer erinnert sich nicht an solche Momente? Nicht ist dieser Wille Ergebnis einer Befragung, sondern Stilkraft einer durch Geschichte gewachsenen Sozial-Gestalt.

Der gehorsame Händler

So auch die Marke. »Vergiß nicht, daß Du für IBM arbeitest!« Das ist wie ein Brauch, mehr noch: wie eine Sitte. Als ein Wille durchströmt sie alle »Gesitteten«, die in der durchaus willig und wohlig empfundenen Befolgung überhaupt erst in die Lage versetzt werden, die Ungesitteten, Sittenlosen, gar Sittenstrolche als Konkurrenten oder Feinde zu erkennen. Esprit – nicht young fashion! Das Erste Haus am Platze und nicht irgendein Gebrauchtwagen-Schuppen am Ortsausgang! Und die dieser Kultur sich Weihenden wissen, was sie zu tun und zu lassen haben. Händler ahnen es und verhalten sich entsprechend. Sie gehen mit den Dingen dieser Marke achtungsvoll um, respektieren also eben jenes Subjekt, das mit eigenartiger Kompetenz ausgestattet, anerkannt wird und nach dessen individueller Ausstrahlungskraft »man« sich richtet.

Wir pflegen eine sorgfältige Warenpräsentation im Geschäft meist unter dem taktischen Verführungsaspekt zu beurteilen. Wie erhasche ich die Aufmerksamkeit der Zielperson? Wie bekomme ich den Verbraucher 'rum? Dieser sozialpsychologische, kommunikative Vorgang spielt sich zweifelsohne ab – aber er stellt sich nur ein, wenn etwas anderes dafür die Voraussetzung geschaffen hat: die Kraft der Marke! Der Händler nutzt ihren vorgestellten Verpflichtungshorizont und rückt das Marken-Exemplar in günstiges Licht. Er gehorcht der Marke und erobert ihr dabei erneut Terrain. Indem er der Markenkraft dient, verstärkt er sie an dem ihm verfügbaren Auftrittsort – oder er schwächt sie. »Gelingt es mir wohl«, fragt sich die Marke dabei, »den jungen Verkäufer dazu zu bringen, das Plätzchen, an das er meinen kleinen Karton gleich stellen wird, vorher noch einmal abzuwischen?« Nicht, daß es im Laden schmutzig wäre, nein, dann wäre ich wohl gar nicht hier. Sondern eher symbolisch – weil das Vorher-den-Platz-Abwischen zu meinem Anspruch gehört. Schließlich überprüft der Bühnenarbeiter die Standfestigkeit der Möbel und der Regieassistent die darauf abgelegten Requisiten, bevor die Diva ins Rampenlicht tritt. Es geht nicht ums Saubermachen, es geht um die Geste des Säuberns.

Aus einer gesenkten Sau jedoch kann man keinen Paradiesvogel machen – kraftlose Marken geben das alles nicht her, wie wir im Deutschen so trefflich sagen können. Auch die effektvollste Drapierung allein wird kaum zur Marken-Bildung führen. Vielleicht zu einem raschen Umsatz, der einem Namenslabel zu kurzem Leben verhilft. Interessanterweise tragen heute auch Billigprodukte einen Namen – wenn sie schon keine Marke sind, so wollen sie wenigstens markiert sein. Und wenn es auch nur ein schlecht bedruckter Kragenzettel mit einem exotischen Wort ist – »Crash« oder »andante« oder auch »Wienand«, so wird damit dem Produkt wenigstens ein kurzer Odem eingehaucht. Auch wenn sie nur auf dem Zehn-Mark-Ständer in der Aktionszone hängen – die Markierung enthebt sie doch dem Flugsand der Nobodies. Die Marken-Sphinx von nebenan jedoch schaut über all dies hinweg in die Ferne und weiß: das wird mein Händler mit mir nie wagen.

Der Händler hat also keineswegs nur den Kunden im Auge. Er hat auch die Marke im Nacken. Die Art seines Umganges mit ihr sagt vieles über ihre Lebenskraft aus. Schmeißt er sie – die Marke – auf den Gittertisch, schiebt er sie quer in den Gang, oder steht sie sorgfältig als einzelne Reihe arrangiert – Auge in Auge mit dem sehnsüchtigen Kunden? Am deutlichsten wird dieser Markendienst im Depot-Geschäft, das in manchen Branchen die Bezeichnung »Verkäufer« trefflicherweise durch »Repräsentant« ersetzt. Obgleich das deutsche Verkaufsrecht grundsätzlich jedem Produkt in jedes Geschäft einzudringen gewährleistet, ist es doch möglich, Exklusivauftritte zu inszenieren. Das Marken-Spezialgeschäft als Marken-Tempel. Einer Göttin allein geweiht, für die man zeugt. Authentisch. Jeder und alles steht in ihrem Dienst. Während die Vestalinnen darüber wachen, daß alles akkurat funktioniert, wirkt der Zauber der Düfte und Farben auf den, der vorbeigeht. Wer eintritt, hat alle Beliebigkeit hinter sich gelassen. Nicht mehr bummelt er auf einem Marktplatz, Promeneur, Flaneur, Voyeur nach Lust und Laune. Nein – hier wird nur eingelassen, wer sich einläßt mit Leib und Seele. Hier wird nicht lockend gefragt »Darf ich Ihnen behilflich sein?« wie unter Fremden. Hier gilt der durchdringende Blick von Grenzwachen und der heitere Ernst unter Erlösten. Wie man den Raum betritt, zeigt der Hüterin, ob man Novize, Altdienender oder reuiger Sünder ist. Hier wird nicht gekauft, hier geht es nur noch darum, den Opferstock zu wählen, der die neue Gabe schlucken soll. Das Depotgeschäft als heilige Marken-Enklave. Ob Autohandel, Zigarrenspezialität oder Pullover-Création – prägender kann Marken-Wille nicht auftreten.

Und er erlischt nicht auf der Schwelle des kleinen Tempels. Wie ein Fackelträger sein Licht, so trägt der Kunde seine Marke nach Hause. Schon der Kauf war ja die Folge vorwegphantasierter Situations-Gestaltung. Die neue Marke sollte an dem und dem Platz, zu der und der Stunde, bei dieser und keiner anderen Gelegenheit eine Handlungsnuance ermöglichen, von der man »immer schon geträumt hatte«. Nun wird möglicherweise das halbe Badezimmer umgekrempelt, weil neue, besonders schöne Badetücher von Descamps erstanden wurden, derenthalben nun alle anderen Gegenstände um-, ja ihnen untergeordnet werden. Schier endlose Räumerei verursachen, erzwingen die neuen Stücke. Wenn alles fertig ist und stimmt, wird die Mutter eingeladen. »Wunderschön, das ganze Bad hat sich verändert«, erliegt auch sie, »wo hast du die denn eigentlich her?« Was nun während der nächsten halben Stunde geschieht, bei einer Tasse Krönung in der Sofaecke der Domicil-Garnitur – ist eine Feierstunde der Marke.

Oder: Widmen wir unsere Aufmerksamkeit einen Moment dem Speise-Service »Mythos« von Rosenthal. Es greift in der Regel bereits am Morgen seines festlichen Abendauftritts in das Geschehen ein, wird antizipiert, wenn die Gastgeberin einkauft. Es ist im suchenden, prüfenden Blick der Einkaufenden mit dabei, äugt im Fleischwaren-Fachgeschäft mit umher, denn es hat Anspruchsniveau. Die Mutter würde es nie wagen, Ketchup-Würstchen draufzupacken. Nicht, daß sie oder ihre Familie irgend etwas gegen Würstchen hätte. Ganz im Gegenteil, sie kauft die von Redlefsen; wenn die Kinder unterschiedlich aus der Schule kommen, gibt es Würstchen, zur allgemeinen Freude. Aber doch bitte auf dem roten Steingut-Geschirr.

Heute aber hat sie das Rosenthal-Service im Griff. Wobei der Satz im unklaren darüber läßt, wer wen hier im Griff hat. Die Verkäuferin ahnt das natürlich nicht und fragt vertraut einladend »Wieder die Redlefsen-Würstchen?« Erschrocken, in geheimer Hörigkeit, sagt die Mutter hastig und fast etwas zu leise für einen Fleischwaren-Fachgeschäft-Verkaufsraum: »Nein, nein, ich brauche einen besonders schönen Rinderbraten, wir haben Gäste«, und schaut sich um, innerlich natürlich nur, ob das Mythos-Service die Sache mit den Würstchen doch nicht etwa mitgekriegt habe. Aber dessen strenger Blick zeigt keinerlei Reaktion, und so kann sich die Mutter weiter jenen Komponenten widmen, die für die Aufführung mit dem und um das Service herum nötig sind. Zuhause geht es weiter. »Ein Theater wieder wegen dieses vornehmen Geschirrs«, wird die Familie mosern, wenn sie, statt die Serie im Vorabendprogramm auf SAT 1 sehen zu können, beim Tischdecken helfen muß. Denn schließlich kommt es nicht nur auf das Fleisch an.

Diese Tafel-Inszenierung zeitigt viele andere Folgen. Sorgfältigeres Händewaschen, bessere Haltung beim Sitzen, erneute Erziehungsversuche – »Man faßt die Gabel nicht soweit unten an« –, und man spricht auch leiser. So wie neulich, als sie spätnachmittags bei der Freundin reinschneite und ihr herzliches Begrüßen der Kaffeerunde liebevoll-energisch erstickt wurde: »Pscht, das ist Brahms.« Auf Zehenspitzen schlängelte sie sich zu ihrem Sessel und tauchte ebenfalls ein in das allgemeine Lauschen. Ihr Rosenthal-Geschirr als Brahms! Vielleicht mal nicht über die Schulnoten der Tochter und die Blödheit der Kollegen sprechen. Sie würde das schon versuchen. Der Junge sollte mal erzählen von dem Buch, das er gerade liest oder die Tochter einige Überlegungen zu der Chopin-Etude äußern, die sie gerade übt, und zwar nicht so genuschelt, sondern mal deutlich, in gutem Deutsch und schönen Sätzen. Deshalb muß das Fleisch auch zart sein, damit man da nicht so abgelenkt ist wegen zadderigen Zeugs. Und während all dies im Fleischwaren-Fachgeschäft gedacht wird, steht, so würde jedermann nachprüfen können, das Rosenthal-Geschirr im dunklen Schrank, wo es hingehört. Reiner Animismus! Kennt man nicht auch die Geschichte vom jungen Goethe, der ja als Stürmer und Dränger mit seinen Freunden Herder und Merck das Straßburger Münster in seiner gotischen Pracht als nordischen Kunststil entdeckte? Als er bei einem erbaulichen Morgen-Rundgang einen Bäckerbuben ein Lied pfeifen hörte, hielt er ihn auf, gab ihm eine Maulschelle und sprach: »Will er wohl stille sein und staunen?« Manchmal brauchen Marken ihre Zeit. Aber wenn sie dann auftreten, beherrschen sie rundum das Soziotop.

Nicht jede Marke findet den Weg auf den festlich gedeckten Tisch. Manche bleibt im Keller, steht in der Küche, hat ihren Platz im Schlafzimmer oder über dem Waschbecken. Doch während der Zwei-Liter-Wein in die Karaffe umgefüllt wird, tritt der Mouton-Baron-Philippe in seiner Originalflasche auf. Auch der Heinz Tomato Ketchup und der Kühne-Senf verfügen über derartige Markenkraft, mittels derer sie sich bis auf die Vorderbühne unseres Handelns vorgearbeitet haben. Andere schaffen es nur bis kurz hinter die Kulissen – Miracoli, Maizena, die Oetker-Pülverchen und Knorr-Soßen streifen ihr sichtbares Markenkleid in der Küche ab. Unsichtbar gehen sie ein in den Guten Geist, den eine zufriedene Hausfrau um die Tafelnden einer Mahlzeit verbreitet. Wenn dann, aus der Flasche Mouton Glas um Glas gefüllt, die Gäste die Künste der Hausfrau rühmen, tritt sogar der ehrbare Kaufmann noch auf, und die Gastgeberin erzählt nicht ohne Stolz, daß der köstliche Braten von Röhrs stammt, dem ältesten Schlachtergeschäft Niedersachsens, das »hier bei uns« seit 1709 für exzellente Ware Garant ist. Und wenn dann der Hausherr zu späterer Stunde in den Bücherschrank greift und einige Stellen aus Goethe's Maximen und Reflexionen vorliest, geht mit Remy Martin und einer Dannemann, mit Schwarzer Kater und Niederegger ein Abend in die Nacht über, der seinen Stil durch die lustvolle Unterwerfung der Menschen unter die Hoheit der Marken erhielt.

Die normative Dichte

Derartige Siege der Marke müssen allerdings ständig neu erfochten werden. Denn sowohl kann der Händler die Marken-Exemplare an die Seite, gar nach hinten schieben, sie in die Schütte kippen und nach unten legen als auch kann der Kunde mit der traurigen Bewegung eines enttäuschten Liebhabers die Marke zwischen Dinge stellen, die in diesem Haushalt früher nie um sie waren – vom kleinen Bord gleich über der Herdplatte in der blitzsauberen Küche über das fernere Stahlregal im Keller bis schließlich hin zum alten Vorratsschrank für böse Tage. Hohe Marken-Struktur entsteht auch durch die beständige Nähe statusgleicher Elemente. Von konstanter Kohäsion bis zur Verramschung läßt sich eine Marke durch ihre strukturelle Einbettung in ein Gegenstands-, sprich Marken- und Menschenfeld charakterisieren. Der Mercedes-Wagen beispielsweise in der Dallas-Serie zeugt von deutlicher Festigkeit: die anderen Gegenstände, Menschen, Gesprächsthemen um ihn herum, sind gleichbleibend film-edel. Was aber, wenn ein Mercedes in der Straße eines verrufenen Viertels steht, vor einer vergammelten Bretterbude? Aggregatstufen der Marken-Festigkeit sind durchaus in einem Phänogramm zu ermitteln. Im Zusammenhang mit dem schändlichen Geiselmord auf einer nordrhein-westfälischen Autobahn zeigte ein Hubschrauberphoto die Schlußsituation: Drei große Mercedes-Wagen umringten den »erlegten« BMW der 7er Klasse. Für die Konsistenzfrage ein anschaulicher Beleg:

Die Wagen der Sicherheitskräfte hatten ihn gefangen, eingefangen, den Wagen der Ausbrecher in grausam-wörtlichem Verständnis.

Auch weniger spektakulär läßt sich Marken-Felddichte beobachten. Neben der internen Gleichheit, die alle Interieurs bei McDonald's identisch bildet und den Lancôme-eigenen Counter bis zur Wimperntusche der Damen uniformiert, sind externe Phänomene ein starkes Indiz für die Kraft der Marke. Ihre normative Kraft zeigt sich erst, wenn das Produkt das eigene Haus verlassen hat. Die Frage richtet sich auf die die Marke dann umgebenden Dinge, auf ihr Ambiente. Wann liegt eine Marke in der Grabbelkiste? Wann ein Parfum im Drogeriemarkt, also neben Klopapier und Billig-Sekt? Der Verlag Walter de Gruyter verramscht kein einziges Buch. Was zu ansehnlichen Kellerhalden führt, aber auch zu Verlags-Renommé.

Die Geschichte von Tiffany ist in dieser Hinsicht aufschlußreich: Das Nobelgeschäft wurde an jemanden verkauft, der mit dem »Guten Namen« mehr Umsatz machen wollte. Nun drängelten sich Charterflug-Touristen dort, wo einst Millionäre sich trafen. Die aber blieben rasch fern, weil sie sich mit einem Nummernzettel in der Hand nach Dingen anstellen mußten, die sich langsam veränderten – obgleich sie herstellungs-physikalisch dieselben waren. Nach zwei Jahren wurde das Geschäft mit Verlusten weiterverkauft. Hier wurde etwas undicht in der normativen Dichte-Struktur von Tiffany. Die Aggregatstufe war nicht mehr fest, sie war flüssig geworden, wenn nicht schon luftig, beliebig. Die Willenskraft der Marke, ihre Macht über andere Gegenstände und Menschen erlahmte, der strenge Blick wurde müde. In ihrer Umgebung konnte man sich schlecht benehmen, schlecht im Selbstverständnis der Marke, ungewohnt und ungewöhnlich, als Gegenstand und auch als Mensch, allerlei freches Volk konnte sich mit ihr tummeln, ihr bislang fernes Gesindel. So was kränkt, macht schließlich krank. Kranke Marken aber werden wehrlos – gegen neue Marken, die überall lauern.

Der normative Strukturzusammenhang ist in dem Maße kraftvoll, in dem alle an ihm beteiligten Menschen sich einig in seiner Gestaltung sind. Zu dieser Marken-Gemeinde gehören aber vor allem die Händler und wir Kunden. Der Hersteller muß diesen Gesamtzusammenhang im Auge haben und sich immer wieder fragen, in welchem Dichtegrad sich die Marke als Marke befindet und wohin sie orientiert werden soll – in Richtung auf mehr Beliebigkeit oder in Richtung auf mehr Strenge. Strukturen sind selber ständige Bewegung. Höchste Aufmerksamkeit ist nötig, um das Markenfeld, die Marke in ihren Handlungsfeldern zu erkennen und, je nach Absicht, zu kontrollieren: Mehr Marktanteil oder mehr Marke? Ein Mercedes darf heute auch von freien Autohändlern verkauft werden. Ein Richterspruch hat festgestellt, daß die Vertriebsbindung dieser Marke nicht mehr lückenlos sei. Ein Lacoste-Hemd taucht heute in Kaschemmen auf, die ihm früher unzugänglich waren. Manche Parfum-Dienerin gießt ihre Zauberfläschchen erschüttert in den Ausguß, nachdem sie ihren geliebten Duft in einer Fernseh-Reklame oder gleich zehnfach in der Kassenschlange eines Verbrauchermarktes erlebt hat. Zwischen Margarine und Autoreifen wurde ein guter Name zerquetscht – ein für alle Mal vorbei, eine Gestalt-Verletzung schlimmen Ausmaßes.

Die Marke als lebendige Gestalt
Ihre Kunden halten sie in Atem

Von Goethe stammt die Warnung, sich durch das Wort »Gestalt« nicht verleiten zu lassen: als gäbe es im Reich des Lebendigen irgend etwas, das fest und in sich abgeschlossen und heute wie gestern sei, auch wenn es so aussähe. So wie wir Markenwaren erleben und mit ihnen umgehen, liegt dieser Irrtum jedoch nahe. Denn wir nehmen sie zuallererst wahr in Gestalt ewig gleicher Schriftzüge, Verpackungen und Etiketten, oft auch als langlebige Werbekampagnen, oder zumindest als Slogans, die aus dem Volksmund zurücktönen und auf diese Weise Dauerhaftigkeit erlangen; diese mitunter sogar zum Inhalt haben: Persil bleibt Persil.

Auch die Produktionsweise des industriellen Massenartikels und deren Überhöhung durch das Statut der »gleichbleibenden Qualität« bestärkt uns in der Vermutung, Marke sei eben das, was dem Wechsel der Zeiten und der Orte trotze. Geradeso wie es die Underbergs auf ihre kleinen Fläschchen drucken: »Semper idem«.

Kann aber eine Marke wirklich immer dieselbe sein? Wenn wir darunter nicht nur das Produkt, seine Ausstattung, seine Werbung verstehen, sondern den schwer überschaubaren Wirkungskreis dieser Grundelemente, die menschliche Vorstellung nämlich mit einbeziehen und gar die Auffassung vertreten, ohne die Vorstellungen der Massenpsyche von einer Marke gäbe es »Marke« nicht – dann haben wir es wesentlich mit einer Gestalt zu tun, die die Menschen sich in einer massenhaften Bewegtheit selbst erschaffen; angeregt durch ein

Gefüge sinnlich wahrnehmbarer Zeichen. Dann ist die Marke nicht nur das Produkt, sondern all das, was man über sie denkt, von ihr fühlt und über sie mitteilt. Daß das entstehende Großgebilde »Gestalt annimmt« und nicht ein zufälliges, in Millionen zerstiebendes Etwas wird, liegt ursächlich daran, daß eine Marken-Idee ihre Gefolgschaft durchaus fasziniert und so in den Bann schlägt, daß die Phantasie diese Idee nicht mehr völlig frei ausdeuten kann. Was eben nicht heißt, daß sich im Gemüt der Marken-Getreuen bloß das sklavisch getreue Abbild vorgegebener Bilder findet, wie es sich manche Marken-Manager wünschen. Vielmehr ist es ein lebendiges Abbild, welches in der Goetheschen Gestalt-Definition »in einer steten Bewegung schwankt«.

Schon deshalb, weil jeder Kunde einer Marke ein einzigartiges, niemals mit anderen wirklich gleiches Lebewesen ist. Die Zielgruppen-Definitionen in vielen Markenartikel-Strategien haben mit ihren soziodemographischen oder typologischen Kästchen zunehmend den Blick für dieses erste Gestalt-Gesetz des lebendigen Lebens verstellt: Es gibt niemals zweimal das gleiche. Selbst ein Baum – wie der Philosoph Leibniz zu demonstrieren pflegte – läßt sich keine zwei gleichen Blätter abpflücken.

Und die vielen ungleichen Lebewesen, die Kunden-Menschen einer Marke, haben jeder ihre eigene Geschichte, ihre eigene Beziehung zu einer Marke, einschließlich der Krisen, der Seitensprünge oder sogar Trennungen, von Persil zu Ariel oder umgekehrt. Aus der Gesamtheit dieser Erfahrungen erschafft sich die Massenpsyche ihre Gestalt von einer Marke; die gleichwohl nicht zur Ruhe kommt. Denn prinzipiell ist jeder neue Kunde eine mögliche Ursache für eine neuerliche Veränderung. Nicht nur weil er ein neues Quantum darstellt, sondern weil es eben dieser eine Mensch ist mit seiner unvergleichlichen Identität, der als neuer Verwender von den bisherigen beobachtet und bewertet wird und sie Schlüsse ziehen läßt auch bezüglich ihres eigenen Marken-Verhaltens. Es wäre ein Irrtum, anzunehmen, nur prominente Verwender – als Testimonials in der Werbung vorgeführt – würden das Gemüt der anderen in diesem Sinne bewegen. Jeder kann für jeden anderen Auslöser einer Bewegung werden, ob es der nette Nachbar ist oder die unbekannte Nebenfrau im Autobus.

Aber es sind beileibe nicht nur tägliche Beobachtungen dieser einfachen Art, die unsere Phantasie beschäftigen und damit für eine angenehme Instabilität der Marken-Gestalt sorgen. Auch das allen Produkten mit auf den Weg gegebene situative Moment, seine Zweckerfüllung im Gebrauch oder Verbrauch, läßt eine Marke schillern. Ihre Millionen Exemplare mögen vom Fließband bis auf die Ladefläche des Werkbrummis noch das gleiche Schicksal teilen; kaum daß sie abgeladen sind und von einem Händler zweckdienlich in die Auslage, ins Regal gestellt oder in einen Drahtverhau geschüttet werden, trennen sich ihre Wege; je nachdem, wie sie sich bei der »Zwischenlandung« im Laden präsentieren, lösen die Produkte unterschiedliche Mutmaßungen über sich als Marke aus. Und ein Kunde, der ein Marken-Exemplar im Drogeriemarkt eben noch gut beleuchtet in der Regalnachbarschaft angesehener Konkurrenz-Marken vorgefunden hat, mag ein anderes Exemplar zehn Minuten später in einem SB-Warenhaus verramscht finden. Derart wechselnde Wahrnehmungen, häufig begleitet von wechselnden Wertangaben über das Produkt, bleiben nicht folgenlos. Sie facettieren die Marken-Vorstellung und verhindern ihre Verfestigung.

Das gilt auch für die situative Verwendung des Produktes durch den sogenannten Endverbraucher. Man stelle sich einen Abteilungsleiter vor, der bei einer Kollegenfeier Sekt spendieren möchte. Bei der Marken-Wahl wird er sich nicht nur vom Preis leiten lassen, sondern auch von den gemutmaßten

Marken-Vorstellungen seiner Kollegen und seinen eigenen. Er wird, wenn auch blitzschnell, sich vorzustellen suchen, wie sich die Feier mit der einen oder der anderen Marke und ihm als Spender wohl gestalten wird. Seine Entscheidung schließlich ist das Ergebnis vielfältiger, immer gestalthafter Erfahrungen und Projektionen in einer Art gesellschaftlichem Spiegelsaal, in dem er sich Vorstellungen über Vorstellungen anderer macht, die sich wiederum als Menschen zeigen, die sich über seine eigenen Vorstellungen Vorstellungen machen – eben deshalb ist es ja so wichtig, die richtige, für diese einmalige Situation passende Marke zu wählen. Was dann geschieht, im Büro an jenem Abend, wird die Marke wiederum um eine Erfahrung reicher machen – je nachdem, ob der Abend nun gelingt oder danebengeht, ob die Kollegen seine Getränkewahl gutheißen oder nur halbherzig zugreifen. Die wirkliche Situation, das historisch einmalige Geschehen, in dem sich ungezählte Einflüsse zu einer einzigartigen Gestalt vernetzen, ist doch immer anders als eine nur vorgestellte Wirklichkeit. Aber kaum daß der Abend um ist, ist auch das neuerliche Marken-Erlebnis ein Stück Erfahrung geworden, die am nächsten Morgen als Erinnerung verlebendigt und als Erzählung Klatsch und Tratsch werden kann, wenn neugierig gefragt wird: Was gab's denn zu trinken?

In der stets neuen Verwandlung von Wirklichem in Erinnerungen, in diesem niemals abreißenden Prozeß erneuert oder verändert sich die Marken-Vorstellung und wird je nachdem beim nächsten Kauf die Hand in die eine oder andere Regalrichtung lenken. So ist Marke im Unterschied zu bloßen Begriffen, wie sie etwa die Wissenschaft hervorbringt, durch ihr Dasein als Produkt immer in einen realen Lebensvollzug eingebunden. Sie speist sich nachgerade daraus. Nur kommt nie dasselbe auf den Tisch: Immer ist es eine andere Situation; jeder Tag erblickt neue Verwender; jedes reale, psychische oder soziale Erlebnis und Ergebnis hält die Gestalt der Marke in Atem.

Deshalb eben dürfe man in einer Lehre von der lebendigen Bildung, in einer Morphologie »nicht von Gestalt sprechen; sondern wenn wir das Wort brauchen, uns allenfalls dabei nur die Idee, den Begriff oder ein in der Erfahrung nur für einen Augenblick Festgehaltenes denken. Das Gebildete wird nämlich sogleich wieder umgebildet, und wir haben uns,« mahnt Johann Wolfgang Goethe, »wenn wir einigermaßen zum lebendigen Anschauen der Natur gelangen wollen, selbst so beweglich und bildsam zu erhalten, nach dem Beispiele, mit dem sie uns vorgeht.«[1]

---

[1] Johann Wolfgang Goethe: Die Absicht eingeleitet. Aus: Zur Morphologie, 1817; Hamburger Ausgabe, 5. Auflage 1966, Band 13, Seite 56

Die Komposition der Materialien
Markenbildung ist schöpferisches Antworten

Der Stoff, aus dem die Marken sind, ist reicher durchwebt, als es sich mancher Wirtschafts-Ingenieur vorstellen kann. Nicht nur die sogenannten Marketing-Mix-Faktoren, jeder Marken-Verwender mit seinen persönlichen Erfahrungen, jede auch nur zufällige Wahrnehmung im Zusammenhang mit der Marke, Erfüllungen und Enttäuschungen lassen die Weberschiffchen hinüber- und herüberschießen und jenen Teppich entstehen, der ein Vertrauensverhältnis langfristig trägt – oder nicht. Ein Gewebe aus zahllosen Fäden entsteht, milliardenfach vernetzt sind alle Kompositionselemente der Marke. Lineare oder mechanisch-kausale Abhängigkeiten sind selten auszumachen, eher sind sie oberflächliche Interpretationen ex post factum. Marken-Bilder werden komponiert – von der Psyche des Verbrauchers.

Wurde aber nicht vorhin veranschaulicht, in welchem Ausmaß seine dienende Hingabe an die »volonté générale« eines Markenwesens Beleg für dessen Kraft ist? Wie soll nun plötzlich kompositorischer Eigenwille des Konsumenten ins Spiel kommen und der Vorgang der Marken-Bildung in eben dieser Eigenaktivität von Kunden zu entdecken sein? Ist nicht vielmehr die Begabung zum Dienen eine Aufforderung an die geheimen Verführer, mit entsprechenden Reizmitteln gegen alles vorzugehen, was sich zielgruppenmäßig im Marktgelände bewegt, um es einzufangen, abzufangen, umzulegen? Die Psyche des Verbrauchers als Zielgelände und das strategische Turbo-Marketing als Verfahren, »to prepare the battlefield«.

Komposition ja – aber doch bitte nach den Anweisungen der Konditionierer.

Wer so blickt, folgt der verbreiteten Auffassung, daß der menschliche Organismus auf Reize reagiere. Menschliches Wahrnehmen müsse stimuliert werden, durch entsprechende Aufforderungen und Anregungen könne Verhalten erzeugt werden. Menschen seien in dieser Weise lenkbar, weil sie mittels positiver Belohnungen belehrungswillig und lernbegierlich gemacht werden könnten. Der Amerikaner Burrhus Frederic Skinner[1] hat mit diesem Grundeinfall umfangreiche Forschungen ausgelöst: Und tatsächlich läßt sich dadurch manches an unserem Marken-Wahrnehmen und Kaufhandeln erläutern. Die apparative Ausstattung dieser Arbeitsrichtung, ihre experimentelle Aufwendigkeit hat zu viel Aktivität geführt und beeindruckt immer wieder. Wer Hautwiderstandsmeßgeräte einsetzen und Augenbewegungen aufzeichnen kann, scheint ins Innere unserer Seele zu leuchten, unsere geheimen Regungen und Erregungen äußerlich nachgewiesen zu haben. Wenn man diese Kausalketten beim Pawlow'schen Hund und bei den Skinner'schen Ratten beobachtbar machen kann, warum sind sie nicht auch als erzeugbare Nervenvorgänge ursächlicher Bestandteil dessen, was wir Einkaufen nennen? Sind wir nicht auch Natur, also in einen sinnengebundenen Gesamtzusammenhang eingebettet, der nun über gelenkte Einflußnahme Teile von uns zu automatisieren vermag? Der Behaviorismus hat viele Zusammenhänge deutlicher hervortreten lassen. Unfreiwilligerweise allerdings auch jene, die den schöpferischen Gemütskräften beträchtliche Eigendynamik beizulegen erlauben.

Dieses Merkmal der geistigen Kraft unseres Organismus hat die Menschenlehre des Alten Europa schon immer belebt. Wahrnehmung war ihr nicht passives Verarbeiten, sondern schöpfende, schöpferische Tätigkeit. Selbstverständlich im

Zusammenspiel mit den Dingen und der Art und Weise, wie sie uns »beeindrucken« – wobei »Eindruck« für diese Sicht ein ungenauer Ausdruck war, ja für den Unbedachten eine semantische Falle. Was mich beeindruckt, kann jemand anderen durchaus kalt lassen; weil das, was mich beeindruckt, das ist, was ich auswählend ergreife. Das Bild vom Nürnberger Trichter ist insofern zutreffend, als daß ich natürlich in und von einer Umgebung lebe, die als Vorgabe und Angebot von Marken und ihren Darbietungsformen unausweichlich ist. Doch was enthalten »Vorgabe und Angebot«? Was ich in ihnen wahrnehme, ist nicht von ihnen allein abhängig. Ich selber bin ein originaler, ein originierender, hervorbringender Teil der Natur und greife mit meiner geistigen Begabung und meiner Geschichte, mit meiner originalen Individualität in diesem situativen Angebot umher.

So gesehen, bin ich nicht Trichter, sondern Turbine; nicht passiver Rezipient, sondern tätiger Eigen-Wille. Auch wenn der Kunde hingabe-willig ist, so will er doch gewonnen werden. Mit Gewalt geht da auf Dauer gar nichts. Willig – aber frei, eben freiwillig will seine Hingabe sein. In diesem Paradox liegt das Geheimnis. Der bedeutende Hamburger Gelehrte Ernst Cassirer hat diese Vorgänge einmal trefflich formuliert.[2] Unsere Sinneseindrücke dringen nicht direkt in uns ein und bilden sich ab. Sie werden vielmehr umgebildet: Die Zeichen sind nicht Zeichen für objektive Gegenstände und Vorgänge, sondern sind Zeichen für die Vorstellung, die wir uns von diesen Gegenständen »machen«. Daher enthalten unsere Eindrücke »nicht die Beschaffenheit der Dinge, sondern die individuelle Art und Richtung der Auffassung der Dinge.« Nicht die Marken, sondern die Vorstellung von den Marken ist die Folge dessen, was wir Wahrnehmung nennen. Zwischen die Marke und uns haben wir die Wahrnehmung geschoben, wodurch Marke und persönliche Erfahrung eine schöpferische Symbiose eingehen. Vielleicht hat die Lust an eben solchen Vorstellungsprozessen den menschlichen Organismus auf dem langen Weg seiner Herausbildung besonders angeregt. Hier haben wir eine weitere anthropologische Begründung des Markenwesens: Die Lust am eigenen Einfall.

Unter die alten, großen Geschichts-Marken – Deutschland, Kirche oder Die Liberalen – aus den Tiefen der Zeit hat sich daher mittlerweile ein neuer, nervöser, quirliger Marken-Typ gemischt: die Produkt-Marke. Im Zeitalter der Massenproduktion hat unser Wahrnehmungsvermögen damit einen weiteren Fächer an »Angebot und Vorgabe« zur deutenden Verfügung. Unsere Deutungs-Lust hat dadurch enormes Material zusätzlich um sich – Kulturkritiker versuchen uns die Interpretationsfreude zu vergällen, indem sie vor »psychischen Folgen der Reizüberflutung« warnen. Es ist dies eine Parallele zum Argument des »Konsumterrors«, der mich angeblich als gejagten Kunden mir selbst entfremden soll. Mit Sicherheit ist es umgekehrt: Unsere nicht zu bremsende Lust am Symbol macht aus jedem neuen Marken-Angebot, ja aus jeder line-extension oder jedem Relaunch sogleich ein kleines Gedanken- und Vorstellungsfest.

Unser Wille zum deutenden Urteil, in dem das Außen des Angebots und das Innen seiner aneignenden Wahrnehmung immer wieder neu und einfallsreich, wie wir sagen können, zusammengeschmolzen werden, ist eine heiße, hitzige Schmiedewerkstatt, in der die Materialien der Marken-Komposition ständig flüssig gehalten werden, um den Bewegungen der Marken-Gestalt *draußen* die momentane *innere* Wahrnehmungsform zu geben. Wahrnehmung als Ergebnis ist damit immer auch originaler Einfall. Jede Wahrnehmung hat, als Schöpfungsvorgang, einen winzigen Touch von Urknall. Schließlich sind wir ja menschlicher und nicht mauslicher oder hundlicher Organismus und ist auch die Welt wohl noch immer nicht zu Ende. Wahr-nehmen ist sinngebendes Greifen nach situativer Wahrheit. Unser Jargon ist ungenau: Wahrnehmen ist Aktion, nicht Reaktion. Skinner hat mit seinem Stimulus-Response-Modell sprachlich nicht unrecht: Wahrnehmen heißt antworten. Aber Antworten hat zutiefst eigenbildnerischen Charakter.

Damit wird nicht nur die Marke als zusammenkomponiertes Wesen sichtbar, sondern auch die Wahrnehmung von Marke als kompositorischer Vorgang deutlich. Mehr noch: beides steht miteinander in Beziehung. Ich komponiere durchaus in Abhängigkeit vom Gestalt-Willen, den die Marke hat – meine sogenannte »selektive Wahrnehmung« ist die kompositorische Antwort auf ihre momentane komplexe Großfigur. Das Bild von der Marke ist also nicht einfach Abbild einer vorgegebenen Einzelheit, sondern ein im Gemüt, in der Vorstellungswelt der Marktteilnehmer zusammen-gebildetes Ganzes aller mit dem Marken-Produkt in Verbindung stehender Eindrücke. Marken-Bild ist daher viel mehr als Marken-Image. Was aber gehört zu dieser Komposition, welche Materialien sind in ihr erkennbar?

Die Materialien

Gerade wenn wir das Produkt und seine tadellose Qualität als unabdingbare Voraussetzung zur Marken-Bildung betrachten und seinen Beitrag zum Gesamtbild der Marke in der bestandenen Prüfung durch den kritischen Verbraucher sehen, wird einmal mehr deutlich, daß Marke etwas anderes ist: ein Gespinst aus Fäden, die symbolischer Art sind, die also mit gewissen Bedeutungen versehen und deshalb eingesetzt, dann aber in vielfacher Weise wahrgenommen und erneut gedeutet werden. Während die Identität des Produktes vergleichsweise zuverlässig durch Analyse und Kontrolle gewährleistet werden kann, ist der geistig-seelische Zusammenhang »Marke« wegen der ihn bildenden unzähligen Deutungsimpulse sowohl auf Hersteller- und Händler- wie auch auf Verbraucherseite ungleich schwieriger zu kontrollieren. Wenn das Produkt materiales Produkt ist, so ist Marke symbolischer Prozeß. Wenn das Produkt einen Nutzen hat, so hat die Marke einen Nimbus. Wenn das Produkt durch präzise Funktion gekennzeichnet wird, so wird Marke als verehrte Gestalt gläubig bestaunt.

Die Marke hat viele Lebensimpulse. Beispielsweise ihren Klang: der dumpf-trockene Türschlag des alten Mercedes, das satte Floppen des Miele-Eisschrankes, das eiserne Einschnappen des Autoflug-Sicherheitsgurtes; aber auch das raschelnde Rauschen des Deinhard-Sekts, das knusprige Knacken der Bahlsen-Cracker, die zischelnde Energie des »l'eau qui fait pschit« und das koboldhafte Flensburger »Bier mit dem Plopp«; aber auch das Motorengeräusch des Alfa Romeo oder das Klacken des Zippo-Sturmfeuerzeugs, die Sphärenklänge der Personal Computer oder der Sound der Stereoanlagen – unsere Wahrnehmung schluckt diese Geräusche nicht einfach, sondern bindet sie bildend ein in Wahrnehmungszusammenhänge. Unsere jeweilige Welt besteht aus vielerlei Klängen – der unterscheidbare Einzelklang aber erst weckt die Freude an gesichertem Vertrauen. Marke besteht auch immer aus Geräusch. Selbst die sachlich gebotene und garantierte Geräuschlosigkeit einer Philips CD hängt damit zusammen. Besonders ist dies bei jenen Erscheinungen wichtig, die wir uns als Klänge erfunden und ins Haus geholt haben: unsere Medien. Radio-Stationen bilden sich vor allem durch Klänge und Klangensembles; manche arbeiten lange an ihrem Klangcharakter, manche werden zur Marke eben durch solche erkennbaren Klangspektren. Hans Domizlaff wachte streng auch über die klangliche Seite seiner »Archiv-Produktion«, jener Marke, die innerhalb der von ihm geschaffenen Schallplatten-Marke »Deutsche Grammophon« Musik aus Deutschland nach dem Zweiten Weltkrieg auf den schwarzen Scheiben wieder in die Welt trug.

Besondere Energie zeigt Marke in ihrem Duft. Die Düfte des frischen Brotes, der sauberen Wäsche, der Parfumtröpfchen; Gerüche sind wichtige Komponenten im Vorstellungsganzen »Marke«. Eine Kultursoziologie der Gerüche veranschaulicht, in wie sensibler Weise wir uns wegen irgendwelcher *Düfte* angezogen fühlen und mehr oder weniger fest verbünden; ebenso wie wir wegen *Gestanks* uns distanzieren und mißtrauen. Hier sind die Düfte der Nahrungsmittel besonders wirksam. Vom gekauften Keksgebäck über die Wurstwaren bis zu den breiten Geruchsfeldern des Kochens und Bratens umgeben und empfangen uns Düfte, die uns das Gemüt öffnen – oder verschließen. Wer erinnert nicht die Wonnen des Sonntagsbratens, der einem nach der Schlittschuhpartie auf dem Dorfteich oder nach der Hetze eines Geschäftsfluges zuhause entgegenduftet? Ist nicht eben jener Duft Garant und Essenz des eigenen Heims? Das ist nach unserem Geschmack, weil wir es zu schmecken meinen. Selbst für eine frische Tasse Kaffee gehen wir heute in die warme Wohligkeit eines duftenden Stadtbäcker-Stehcafés, dessen frische Brotdüfte uns zusätzlich kräftigen für die nächsten Stunden des beruflichen Tages. Die Bally-Schuhe, die Goldpfeil-Handtasche, selbst das neue Madame-Heft, der kleine Fiat-Uno und das Haribo-Bärchen – alles verströmt etwas, was man nicht sieht und was uns doch unmittelbar anspricht – oder abstößt. Nicht umsonst beschäftigen große Hersteller wie Henkel und Procter & Gamble Heerscharen von Duftexperten. Wie jedes lebendige Wesen hat auch eine Marke ihren unverwechselbaren Geruch. Und weh' ihr, wenn das, was sonst immer duftet, plötzlich nur noch riecht!

Ebenso intensiv nehmen wir Berührungen wahr. Die gemaserte Oberfläche eines Tisches, die glatte Struktur eines Papierbogens, aber auch die rauhe Unruhe eines Bütten. Kaum ein Textil wird nicht zwischen Daumen und Zeigefinger in der Art eines fühlenden Reibens geprüft – auf was? Der bildende Charakter des Wahrnehmens wird auch in diesem haptischen Vermögen wirksam. Denn nicht wirkt hier der Stoff oder das Metall oder ein Gegenstand, der »gut in der Hand liegt«, einfach auf unsere Sensoren in der Handinnenfläche. Vielmehr ertasten, erfühlen wir das Objekt in unserer Hand und erkennen es oder doch zumindest etwas in und an ihm, das uns seit langem vertraut ist – Berühren ist sinnhaftdeutendes Erkennen, indem wir den Stoff durch unsere Finger gleiten lassen, ihn leicht knüllen, reiben, frottieren. Wir sind der Schlüssel, er das Schloß. Erschließt er sich uns? Uns heißt hier: unserem Gemüt, unserem Vorstellungsvermögen, das in geheimnisvoller Weise auf diesem Wege zu Urteilen kommt. »Darf ich das mal in die Hand nehmen«, fragen wir oft und bitten uns ein Produkt heran. So wird der seidige Morgenmantel oder das modische Einzelstück aus dem Glasschrank oder vom Regal geholt und unserem wollüstigen Anfassen extra zur Verfügung gestellt. Möglicherweise intimisieren wir die Berührung durch ein Schmiegen am Hals und an den Wangen. Unterwäsche beschäftigt uns ausführlich, und der Seiden- und Nylonfaden ist auch wegen unserer Berührungslüste so beliebt. Ebenso aber sind der Schaltknüppel oder die Sitzecke haptische Wahrnehmungen, die in den Urteilswillen über und in die Auffassung von der Marke einfließen.

Im Ensemble der vielen »Zeichen«, die als gedeutete Eigenbildung in unsere Auffassung von einer Marke eingehen, darf der Preis nicht fehlen. Denn der Preis ist nicht nur wirtschaftliche Größe – Preis ist eigener kultureller Befund. Unser Reden von der Preisschwelle zeigt es – Preis ist nicht nur Verweis auf eine Ware, er ist selber die Ursache für ein deutendes Urteil der Kunden. Im ökonomischen Kalkül ist Preis Mittel zu einem Zweck – Kostendeckung, Umsatz, Gewinn. Doch Achtung: Er ist selber auch Zweck – etwas Teures ist uns teuer, Billiges hat wenig Wert. Preise haben ihren eigenen Geist. Auch wenn wir uns freuen, etwas Feines erwischt zu haben, den Makel des Billigen wird das Erbeutete nicht los. Daher heißt es bei ALDI eher »preisgünstig« als »billig«, woanders auch schon mal gibt es »Niedrigpreise«, »Sonderpreise«, »kostengünstige Sonderangebote«. Heute besonders billig – so etwas entwertet sogleich auch die Ware und damit mich. Wohlgemerkt: Vielleicht »greife ich zu«, »nehme es mit« und erzähle zuhause von meiner Pfiffigkeit – aber billig bleibt eben billig. Die 38.50 am Pullover tun so, als wäre der Preis nur aus Geld. Er ist aber auch aus willentlichen Absichten. Der Geist des Preises überträgt sich – und nicht immer preist er die Marke. Sicherlich ist der Aktionspreis ein Grund, gleich zwei Kisten Mineralwasser zu kaufen – aber die Marke verunreinigt er. Ist Fürst Bismarck nun Eiserner Kanzler oder Anbiedermann? Der Verkaufsleiter strahlt abends im Büro, doch im Regal weint die Marke eine heimliche Träne. Die Hände, die nach ihr griffen, hatten plötzlich die Hastigkeit von Plünderern. Der Kunde als Wegelagerer. Daher ist der Festpreis auch immer ein Fest für die Marke.

Der Aufführungsort

Derlei Materialien bündeln sich an einzelnen Aufführungsorten. Komposition drängt immer nach Einheit – eine der dargebotenen Einheiten ist der Verkaufsort. Während der Hersteller eine Marke als Produkt herstellt, bietet der Handel dieses Produkt dar. Man nutzt manchmal das Bild vom Stafettenlauf, um dieses Verhältnis von Industrie und Handel zu charakterisieren. Das mehr oder weniger industrielle Fertigungs-Unternehmen übergibt das Produkt dem Händler, der die Stafette nun weiterträgt, den »Zielgruppen« entgegen. Das einprägsame Bild ist aber durchaus differenzierungsbedürftig. Die Industrie gleicht einem Stadion. Seine Topographie ist überschaubar, die Regeln des zu spielenden Spiels sind geklärt, alle Beteiligten befinden sich auf einem bekannten Spielplatz und überblicken ihn. Wird aber die Stafette übergeben, dann beginnt ein anderer Weg. Der neue Läufer verläßt nämlich dieses Stadion. Aus dem Lauf in weißen Bahnen wird ein Geländelauf, aus dem Rennen nach Metern und Stoppuhrzeit wird ein endloser Querfeldein-Kampf. Die Stafette hat in der Hand des neuen Läufers ganz neue Erprobungen auszuhalten. Vor allem: sie ist dem neuen Läufer übertragen worden – nun hat er die alleinige Verantwortung. Die Menschen im Stadion können nur noch warten. Wie im Marathonlauf wissen sie nicht mehr durch eigenen Augenschein, was »draußen« geschieht. Sicherlich erfahren sie irgendwie davon – aber sie können selber nicht mehr eingreifen. Eigentumsverhältnisse und Rechtslagen zeigen die Läufer nun als die neuen Herren des Produktes. Herstellungs-Ort und Verkaufs-Ort einer Marke unterscheiden sich deutlich.

Ein Gleichnis aus der Theaterwelt möge das ergänzend illustrieren. Der Hersteller schreibt einen Text, der Händler führt ihn auf. Dabei geschieht viel, denn nicht immer tritt eine Marke auf den Brettern einer Bühnen-Marke auf. Unter dem Blickwinkel der Aufführung ergibt sich hier bereits ein weiter Variantenfächer. Denn die Aufführung eines Textes ist an viele Mitwirkende gebunden. Und die sind hier die Führenden. In der Gestaltungs-Bereitschaft und -Fähigkeit der Aufführenden liegt es, was mit der Textur des Marken-Produkts geschieht. Steht es krumm und schief in dickem Mief oder im Einzelgeviert hervordrapiert? Leuchtet eine Neonröhre gelangweilt durch den Raum, oder konzentriert ein Spot seine Kilowatt auf die Farben von Drei Wetter Taft? Und wer steht neben ihm? Welche Mitspieler hat es? In welcher Marken-Nachbarschaft soll es seinen Part gestalten? Sprechen die anderen überhaupt die gleiche Sprache? Spielt man hier also im gleichen Stil oder greift das Chargenniveau der anderen auf die Marke über und lähmt ihre Kunst? Als »Marke« wird man durch derartiges mehr oder weniger zauberhaft und damit mehr oder weniger würdig.

Aber nicht nur Beleuchtung und Marken-Nachbarschaft, auch wie man uns behandelt, ist wichtig. Wer spricht uns als Marke an und wie? Die personelle Besetzung der Verkaufs-Bühne ist von Bedeutung. Laufen gepflegt gekleidete Darbieter zwischen uns umher und stellen uns saubere Hände zu unseren Requisiten oder fahren uns Gabelstapler zu Kartontürmen zusammen und bekommen wir Atemnot ob der Enge?

Die Erscheinung eines Bühnenensembles ist der Rahmen für die stilbildende Ver-Lebendigung der en masse ausgelieferten Marke. Wer wüßte nicht um die Personalprobleme, um das Glück, einen verständnisinnigen Verkäufer oder eine vertrauensvolle Kassiererin angetroffen zu haben. Jemand, der zu den Marken paßt, der nicht mit ihnen spaßt, sondern so ernst mit ihnen umgeht, wie es zur Führung, zur Auf-Führung einer Marken-Persönlichkeit gehört; der sie sorgfältig zeigt, wenn jemand nach ihnen fragt, sie gar einpackt und für ihre Würde Sorge trägt, auch das unsägliche Preisschild abkratzt und dadurch die geheimnisvolle Verwandlung vom Massenprodukt zum Geschenk, zum Unikat möglich werden läßt.

Das Publikum

Doch was ist eine Aufführung ohne Publikum? Die Aufführungs-Stimmung, die Atmosphäre eines Hauses zieht es an, und seine Anwesenheit trägt wiederum zum Charakter des Theaters bei. Der französische Theaterschriftsteller Jean Giraudoux bekannte einmal, daß sich die Quälerei mit dem Schreiben schon gelohnt hätte, wenn nur drei Zuschauer am Abend sein Stück mit der Seele begleiten würden. Doch um diese drei innerlich zu bewegen, bedarf es eben eines ganzen Theaterabends. Von der Putzfrau über die Regalanordnung und den Einkaufswagen auf dem Parkplatz – bis eben zum Publikum. Das kaufende Marken-Publikum gibt zwar nicht seine Garderobe ab und gibt auch erst beim Austritt sein Geld, aber doch taucht es in einen Raum ein, in dem sich bereits Menschen aufhalten. Unsere Geschmacksurteile wenden sich denen zu, die wir als unseresgleichen auffassen, weil sie auf der Suche nach denselben Erfahrungen sind. Jeder Schauspieler weiß, welche Bedeutung das mitspielende Publikum hat. Jeder Theaterbesucher aber weiß auch, welche Rolle der Mensch im Nebensessel, an der Pausenbar und im Waschraum hat. Im Marken-Theater einer Verkaufshauses gilt das ebenso. Das stumme Zwiegespräch mit dem Flacon im Regal ist der wichtigste Augenblick im Schicksal einer Marke. Die Übereinstimmung mit der Kunden-Gestalt neben mir ermöglicht mir dazu die innere Sammlung.

Gerade hier zeigt sich wieder, daß ein Kunde nicht nur Produkt-Verbraucher ist. Vielmehr ist er wichtiger Teil der Marken-Komposition. Sein Wesen, seine Art, sich zu geben und zu sprechen, möglicherweise über ein Marken-Produkt, das ich selber gerade im Begriff bin zu erwerben, kann Schatten oder Licht auf das Markenwesen werfen. Der Kunde ist auch der Kündende – und zwar sowohl als bewußter Erzähler von den Vorzügen und Nachteilen, den Hilfen und Enttäuschungen durch eine Marke als auch – und dies insbesondere in stilistischer Weise – als jemand, der diese Marke mit, an oder um sich hat. Es kommt immer wieder vor, daß allein die

Begegnung mit einer geliebten Marke in einem erniedrigenden Kontext jene Marke für den eigenen Lebensbereich verunmöglicht. Manches Hemd bleibt selten getragen im Schrank hängen, weil es sein Träger an einer Person sah, die ihm nicht gefiel. Jemand hat sich kostbare neue Schuhe gekauft und sieht sie am nächsten Tag an den Füßen eines ihm ansonsten widerlichen Menschen – wird er sie nochmals anziehen? Und wenn ja, in welchem Maße werden die einst begehrten Schuhe die Gesamtkomposition der Schuh-Marke verändert haben? »Wenn solche Leute sowas tragen« – wobei es hier jetzt nicht auf die genauen inhaltlichen Geschmacksfassungen ankommt, sondern allein auf die strukturelle Wirkung solcher Marken-Verkündung durch einen Kunden, der neben seinen vielen rassischen, körperlichen, ethnischen, sprachlichen Kennzeichen auch Marken-Künder und daher auch »Hersteller« von Marke ist. Gewiß: er verbraucht das Produkt, aber er bildet eben zugleich auch die Marke.

---

1 Burrhus Frederic Skinner: Science and Human Behavior. The MacMillan Company, Toronto 1953

2 Ernst Cassirer: Philosophie der symbolischen Formen. Wissenschaftliche Buchges., Darmstadt 1977, Band I, Erster Teil

Werde, was Du bist
Identität ist kein fertiges Ding

Wenn aber eine Marke aus so unübersehbar vielen Materialien von so vielen Individuen von Tag zu Tag lustvoll zusammenkomponiert und als lebendiges Ganzes ständig durch situative Erfahrungen verwirbelt wird, wie kann sich dann herausbilden, was wir an einer Marke so zu schätzen wissen und was sie zweifelsfrei von anonymen Eintagsfliegen im Produkt-Universum unterscheidet – die vielbeschworene Identität? Ist diese Wiedererkennbarkeit bloß eine Chimäre oder der beschwörende Versuch, im lebendigen Strom der Zeiten und Erscheinungen etwas fest-stellen und sich an ihm fest-halten zu dürfen?

Wer als Macher mit Marken zu tun hat, ihnen in der Gestaltung oder in der Werbung, kreativ oder strategisch, die Richtung zu weisen hat, in der sie die Gunst der Kunden gewinnen und wo sie aussichtsreiche Positionen gegenüber ruhelosen Wettbewerbern beziehen können, der kommt ohne das Dogma von Identität und Kontinuität nicht zurecht. Bei solchem Tun erlebt er sich jedoch weder als eigenmächtiger Herrscher über eine Marken-Gestalt noch als ohnmächtiger Vollstrecker eines Volkswillens, welchen ihm die Meinungsforscher präsentieren.

So kommt es dann auch zu jenen denkwürdigen Situationen im Leben einer Marke, da ihr ein Relaunch oder Revival, ein Gestalt- und Positionswechsel als Überlebensstrategie angeraten wird und die Verantwortlichen zugleich feststellen, daß »eben dies mit dieser Marke nicht machbar sei« oder gar

»unsere Marke das nicht mitmache«. Obwohl also alle Kompositions-Materialien des Marketing-Mix zur freien Verfügung stehen, um ein Marken-Schicksal abzuwenden, erweist sich die Marke ebenso schicksalhaft mit sich selbst verbunden und verweigert, meist ohne sich auf irgend etwas Geschriebenes berufen zu können, den Besitzern oder Machern eine Änderung ihrer selbst. Sie besteht auf ihrer Identität.

Wie kommt es zu diesen eigentümlichen Festlegungen bei einem Geschöpf, das seine Entstehung nicht etwa einem Naturgesetz verdankt, sondern einem nur kulturell zu begreifenden, autonomen, schöpferischen Vorgang, der den Erfinder als Lenker und Nutznießer der Marke legitimiert und ihm doch alle Gestaltungs-Rechte in der Marken-Führung einräumen müßte?

Der Verlust der Autonomie auf seiten der Macher und das Entstehen eines eigenen Identitätsanspruches auf seiten der Marke erweist sich bei näherem Hinsehen als Konsequenz daraus, daß Marken für ihre Kunden und nicht für ihre Macher gemacht werden. Erfolg und öffentliche Bedeutung – so sie sich denn einstellen – verändern die Beziehungen zwischen den Beteiligten und auch die Rechte daraus. Am Beispiel des Schriftstellers hat der französische Soziologe Pierre Bourdieu diese Verschiebungen treffend charakterisiert. Nur der Autor, der auf der inneren Notwendigkeit seiner künstlerischen Intention beharre und fremde, gar vulgäre Ansprüche des Publikums demonstrativ zurückweise, bleibe davon verschont. Sobald aber einem Künstler, der für ein Publikum schreibt, sein Erfolg und das Renommé, d.h., das Bild, das sich die Gesellschaft vom Wesen und Wert seines Werkes mache, bewußt werde, könne er beides nicht mehr ignorieren: »Indem diese Vorstellung der Gesellschaft undurchdringlich und wie ein unumstößliches Faktum von blinder Notwendigkeit zwischen Autor und Werk tritt, interveniert die Gesellschaft noch im Herzen des künstlerischen Projekts, bekleidet den Künstler mit ihren Forderungen oder Zurückweisungen, ihren Erwartungen oder ihrer Indifferenz.«[1]

Im Verlangen der Marke nach Unveränderlichkeit und Kontinuität drückt sich insofern auch ein sozialer Zwang aus, die Bedingungen des Erfolgs beizubehalten und die »vermutete oder durch Erfahrung bestätigte Vorstellung des Bildes«, das das Publikum von ihr hat, zum Maßstab des eigenen Handelns zu machen. So verwandelt sich ein gesellschaftlicher Sieg unversehens in gesellschaftliche Unterwerfung. Diese wird übrigens umso unnachsichtiger eingefordert, je mehr wirtschaftliche Interessen im Spiel sind. Weshalb »beispielsweise ein Kunsthändler einen Maler zwingt, sich an die Malweise zu halten, die ihm einmal Erfolg eingebracht hat.«[2] Wer erinnert sich dabei nicht an Maler-Marken wie Dali, Léger, Feininger, Marini, Hartung, Antes, die aus einem Leitmotiv und einem Stil – um nicht zu sagen einer Masche – ein unübersehbares, dauerhaft attraktives oeuvre entfaltet haben.

Unterstellt wird in diesem Zusammenhang fraglos, daß das Publikum, das sich anerkennend um ein Werk, eine Marken-Gestalt formiert, die Gemeinde der Fans also, an der Unveränderlichkeit dieses Kristallisationskernes hochgradig interessiert ist. In der Tat hat bereits Gustave Le Bon[3] festgestellt, daß solche kollektiven Subjekte danach verlangen, ihre Gemeinschaftsseele in einer gültigen Gestalt zu verkörpern; dies können Personen ebenso sein wie religiöse oder auch weltliche Fetische; Moses selbst oder die Gesetzestafeln oder das Goldene Kalb. Hat die sich bildende Masse dann eine kritische Grenze überschritten, entsteht aus ihr auch der Wunsch nach wachsender Macht, der gleichzusetzen ist mit dem Drang, die eigene kollektive Gestalt mitsamt ihrem magnetischen Zentrum zu vermehren, d.h., sich in immer neuen, hinzugezogenen Individuen und Elementen zu wiederholen.

Doch ebensowenig wie die Einzelseele verträgt offensichtlich auch die Massenpsyche eine stereotype Wiederholung über lange Zeit. Aus der Musikwissenschaft ist bekannt, daß selbst die endlos dumpfen Rhythmen von Stammestänzen unversehens ihren Herzschlag variieren; übrigens ohne daß man genau sagen kann, ob der Trommler oder etwa sein Instrument diese Veränderung ausgelöst haben. Die Tänzer, die Instrumente und ihre Spieler sind so ineinander verwoben, daß die Frage nach Kausalitäten müßig wird.

Auch eine Marken-Gestalt kann in eine Situation geraten, in der die stereotype Selbstvermehrung von der Massenpsyche nicht mehr mit zunehmender Faszination beantwortet wird, sondern der Zauber zu schwinden droht. Der Absatz der Produkte stagniert; es wandern mehr Käufer ab, als dazukommen; im Einkaufskorb tauchen immer häufiger Neben-Marken auf. Besonders heikel ist diese Phase deshalb, weil man das kollektive Subjekt nicht nach seinem Variationsbedarf befragen kann. Denn der einem da antwortete, wäre immer ein aus dem Massen-Unbewußtsein in sein persönliches Bewußtsein zurückverwandeltes Individuum. Dieses aber kann seine Beziehung zum Mythos einer Marke nicht wahrheitsgetreu oder prognostisch reflektieren. So scheiterten bisher alle Versuche, vom Publikum im Vorwege richtig bestimmen zu lassen, welche neue Werbekampagne denn am besten zur Marke paßt oder gar, welche neuen Produktarten sich die Marke zulegen könnte, um durch eine gattungsübergreifende Variation ihres Grundmotivs, eine line-extension, besser zu überleben. Nur deshalb sind die unternehmensinternen Dispute darüber so endlos – und die Entscheidungen immer mutig.

Das Gefallen des Publikums für eine veränderte Gestalt zu gewinnen, ist ein ebenso waghalsiger Akt wie die ursprüngliche Marken-Schöpfung. Der Zufall, der Dämon, das Glück hat auch jetzt die Hand im Spiel. So hat nach dem Abschied von »Frau Sommer« aus der Jacobs-Werbung und der Befreiung der Hausfrau vom social pressure des Chefbesuches keine der nachfolgenden Krönungs-Kampagnen eine vergleichbare absatzfördernde Kraft entwickelt. Sie blieben – auch was ihre Spieldauer angeht – Episoden. Ähnliches ist auch von der Ära nach »Clementine« zu vermelden. Ihr Abgang als deus ex machina von Ariel schien erforderlich; der Versuch aber, sie durch eine junge Dame namens Corinna zu ersetzen, schlug fehl. Auch der Zigarettenmarke Camel blieb es versagt, für ihr langjähriges Idol, den Urwald-Müßiggänger Bob Beck, einen ähnlich erfolgreichen Nachfolger aufzubauen. Mister Warwick jedenfalls, den man dazu auserkoren hatte, ist inzwischen wieder von den Plakaten verschwunden und hat bereits dem nächsten Hauptdarsteller Platz machen müssen.

Bevor man aus einer Vielzahl weiterer solcher Fälle schlußfolgert, Kampagnen- oder Gestaltwechsel seien prinzipiell zum Scheitern verurteilt, seien zwei Marken zitiert, denen solches auf jeweils eigene Weise dennoch gelungen ist:

Das Henkel-Waschmittel Weißer Riese verdankte seinen Testmarkterfolg in Bayern (übrigens gegen den praktisch gleichzeitig angetretenen Weißen Ritter von Colgate) einer gutmütig-kleinhirnigen, aber mit Riesenkräften ausgestatteten Comic-Figur, die auch den härtesten Schmutz in ihren Riesenfäusten zusammenzuballen und dann mit dem Fuß wegzukicken pflegte. Diese Marken-Figur wurde einige Jahre später aus dem Verkehr gezogen und durch ein Symbol ersetzt: das größte Wäschestück der Welt, genau gesagt 600 qm Bettuch, in einem Swimmingpool gewaschen und von einem Hubschrauber am Stuttgarter Fernsehturm zum Trocknen aufgehängt. Dieses Weiß-Symbol wurde wiederum Jahre später von einem key visual abgelöst, das nicht nur Weiß-, sondern auch Buntwäsche zu demonstrieren erlaubte – die lange Wäscheleine. Sie ist heute noch in allen Fernsehspots zu besichtigen. Der Marke ist dieser zweifache Wechsel während ihrer bald fünfundzwanzigjährigen Geschichte nicht schlecht bekommen. Der Weiße Riese ist neben Persil die zweite Säule des Henkel-Waschmittelgeschäfts.

Geradezu seltsam, aber des großen Erfolges wegen nicht zu unterschlagen, verlief der Kampagnenwechsel von Marlboro in Deutschland. Wenn wir uns eine cowboy-lose Zeit auch kaum noch vorstellen können – es gab sie. Marlboro wurde bis Anfang der siebziger Jahre von der Martin Brinkmann AG in Lizenz für Philip Morris vertrieben. Die hausgemachte Kampagne mit fröhlichen slices of life und Reiheneigenheimen lief unter dem Motto »Junges Leben, moderne Menschen – Marlboro gehört dazu« und brachte der Marke jahrelang einen gleichmäßig mäßigen Erfolg; der Marktanteil bewegte sich unter der Ein-Prozentgrenze. Bei Brinkmann war man sich auch in der Konzernspitze ganz sicher: die international bereits seit längerem erfolgreiche Cowboy-Kampagne »Come to where the flavour is« würde in Deutschland nicht arbeiten. Alle vorsorglichen Umfragen hatten sie immer wieder abschlägig beschieden. Bis Philip Morris die Marlboro mit einer eigenen deutschen Niederlassung selbst in die Hand nahm und – ohne zu fragen – den Cowboy auf die deutschen Raucher losließ. Von Stund an und bis heute stiegen die Marktanteile. Die Marke hatte durch einen Kampagnenwechsel überhaupt erst zu ihrem Grundmotiv gefunden. Marlboro wurde Marktführer auch in Deutschland.

Das Publikum schien auf diese völlig neue Bild- und Tonfolge gewartet zu haben. So wie es andere, eher auf Kontinuität und Stilgleichheit angelegte Variationen ohne erkennbaren Grund durchfallen läßt. Woher die massenhaft konsonanz-sichernden Gestalt-Wandlungen der Marke also zu beziehen sind, bleibt letztlich unerfindlich. Jedenfalls wird man sie kaum aus einer Art Gestalt-Ziel ableiten können, als Wege zu einer vorgewußten endgültigen Figur. Es gibt keine Entelechie einer Marke, kein mit der Entstehung bereits programmiertes Ziel. Ebensowenig scheint es Entwicklungsgesetze zu geben, denen folgend man von Stufe zu Stufe die jeweils richtige Lösung bestimmen kann. Denn immer stehen in solchen Änderungs-Situationen mehrere Alternativen zur Wahl, für die sich gute Gründe, wie auch ein zustimmendes Befragungspublikum, aber letztlich keine Beweise für Alleingültigkeit finden lassen. Wo aber in einer Entwicklung mehreres möglich und rechtens ist, gibt es auch kein Gesetz, sondern eigentlich nur trial and error.

Theoretisch bliebe noch eine Erklärung: In jeder Marke steckt ein erfolgversprechendes Grundmotiv mit einem zugehörigen Variationsrepertoire. Und so wie ein Komponist ein Leitmotiv mit varianten Durchführungsmöglichkeiten zu finden hat, um aus diesem Stoff eine symphonische Geschichte von Verfremdungen und Wiedererkennungen zu gestalten, so müßten wir für eine Marke das Grundmotiv und seine Variationen im Augenblick ihrer Erfindung bereits erfassen können. In welcher Folge und mit welchen Übergängen wir sie dann vom Publikum schauen und hören lassen würden, bliebe einer Dramaturgie des Augenblicks überlassen, die zwar situativ orientiert ist, Höhepunkte und Fermaten setzt, wann sie sie braucht, auch die heischenden Effekte nicht scheut – aber den Zusammenhang des Ganzen zu wahren weiß.

---

1 Pierre Bourdieu: Zur Soziologie der symbolischen Formen. Suhrkamp Taschenbuch, Wissenschaft 107, Frankfurt/Main 1974, Seite 86

2 Pierre Bourdieu, a.a.O., Seite 89

3 Gustave Le Bon: Psychologie des Foules, 1895. Autorisierte Übersetzung: Psychologie der Massen. Alfred Kröner Verlag, Stuttgart 1982, 15. Auflage

Vorbild statt Abbild

Wer führen will, muß vorangehen

Wunderlich nimmt sie sich aus, die Marke, in einer Welt, die ihr Marktgeschehen und Markthandeln mehr denn je in den rationalistischen Griff kriegen möchte; die in ihren Modelltheorien den homo oeconomicus nicht verkommen läßt und Ursache-Wirkungs-Beziehungen so sorgfältig und ausschließlich nachspürt, als hätte die Wirklichkeit nicht längst so manches in Frage oder auf den Kopf gestellt. Aber wo kämen wir denn hin, wenn der Verbraucher sich als *Hersteller* von Marke entpuppte – und der Hersteller gar als ihr *Verbraucher*; und wenn die Kontrolle über die Marke einem ominösen Großorganismus überantwortet wäre statt einer sauber funktionierenden Firmen-Organisation?

Um derlei Unordnung von vornherein zu verhindern, hat man sich das Marketing erfunden. Eine Marktbearbeitungs-Philosophie, die einem plausibel erscheinenden Grundgedanken folgt, der sich nur in der universitären Theoriebildung unvermeidlich kompliziert ausnimmt: Die Verbraucher haben Bedürfnisse, die sie für Geld gerne befriedigen würden. Es gilt, ein darauf zugeschnittenes »Produkt« zu entwickeln, zu produzieren und zu vertreiben; verwechslungsfrei gekennzeichnet und in Stückzahlen, die dank Kostendegression wiederum den Profit-Bedarf des Anbieters befriedigen.

Eine hochkomplexe Aufgabe, an der uns hier allerdings nur das auslösende Moment und die zugehörigen Annahmen interessieren sollen: wo und wie man massenhaften Bedürfnissen auf die Spur kommt. Sagt Marketing: Indem man das

Alltagsleben der Konsumenten beobachtet und ihr Marktverhalten und das, was die Konkurrenz für sie tut. Qualitativ und quantitativ. Indem man Fragen stellt, offene und geschlossene, und sich Antworten erzählen und sie auswerten läßt. Bis man eine Ziel-Gruppe gefunden hat. Ihr nähert man sich nun strategisch, makroskopisch wie mikroskopisch, um aus den Augenwinkeln ihrer Seele jenes Wunschbild aufzunehmen, das man dann als fix und fertiges Abbild auf den Markt bringen kann. Gelobt sei die Deckungsgleichheit. Sollte sie ausnahmsweise nicht durch freiwillige Käufe belohnt werden, waren es gewiß Fehler bei der Spurensuche. Sie gestaltet sich von Anfang an schwierig genug, doch heutzutage hat sie wie vieles andere den Gipfel erreicht – im Mimetischen oder New Marketing, welches dem Marketing-Schaffen der Gegenwart eine nie dagewesene Qualität verleihen möchte. Denn es sei mit zwei neuen Herausforderungen konfrontiert.

Die erste liest sich so: Die Anbieter müssen sich darauf einstellen, daß Segmente und Zielgruppen immer kleiner werden. Der Bedarf an Masse ist gedeckt. Eine überbordende Individualität fühlt sich nur noch in Cliquen und Szenen, kleinen Gruppen und Grüppchen aufgehoben, die, um sich zu differenzieren, nach unterscheidbaren und unterscheidenden Produkten und Marken suchen, und sei der Unterschied noch so klein. Ein BMW mit rundem oder eckigem Auspuff, Cartier oder Le must de Cartier, Black oder Red Label – der Kenner weiß und schweigt. Aber nicht nur die Connaisseurs unserer Luxuswelt, auch die Haushaltsvorstände, die Herrscher über das Alltägliche, scheinen sich auseinanderzudividieren. Krönung oder Krönung light, Jacobs Wundermild, Mild & Fine oder Night & Day, Somat als Pulver, als Liquid, als Tablette, mit oder ohne Citrus, mit oder ohne Phosphat und Chlor. Jeder Line-extender wird in den Salesfoldern als Entdeckung eines neuen Verbraucher-Segments oder Trends gefeiert. Die Händler sehn's mit Grausen, denn die Regalflächen sind selbst auf der grünen Wiese begrenzt, und der gesamte Umsatz verteilt sich in vielen Fällen nur auf mehr Marken und Produkte, was mehr Arbeit und nicht mehr Geld bedeutet. Ähnlich in den Fabriken, wo die Produktionsleiter ihre schnellaufenden Abfüllanlagen immer häufiger anhalten und umrüsten oder neue Anlagen einfahren müssen, um die gewünschten Varianten und Innovationen termingerecht auszuliefern. Mit den Plänen, mit der Logistik und der Information, geschweige denn Motivation der Vertriebsstäbe kommt man kaum noch nach, seit die Artikelzahlen in den Sortimenten explodieren.

Und das sei noch nicht das Ende. Eine zweite Herausforderung mische sich in die erste: der ständig beschleunigte Wechsel der Interessen und Bedürfnislagen der Kundschaft. Ein und dieselbe Person wirft sich je nach Tagesform und Produktgattung dem Hedonisten- oder Neuen Bescheidenheits-Cluster in die Arme, um sich wenig später auch dort loszureißen und unvermutet bei den Preisbewußten aufzutauchen. Der Wechsel selbst wird zum marktbeherrschenden Bedürfnis erklärt. Und das Marketing wird – so die neuen Propheten – den Verbrauchern immer genauer ins Gesicht sehen müssen, um mimetisch jede Zuckung, jeden Hauch von Lust oder Unlust zu verfolgen, mit Angeboten, die täglich, stündlich wechseln und sich in immer neuen Inszenierungen vor den Kunden aufbauen müßten. Sich genauer und schneller als die Konkurrenz anzupassen, ist die Losung – nicht unbedingt die Lösung.

Das Abbilden von Eintagswünschen und Wegwerfbedürfnissen wird den Machern keine Atempausen mehr gönnen. Auch ihren Kommunikatoren nicht. Immer kleinere Zielgruppen für Produkte mit radikal verkürzten Lebenszyklen sollen selektiert und, wenn nicht informiert, dann wenigstens bei Laune gehalten werden. Das kostet nicht nur Geist und Nerven, sondern auch viel Geld. Die Fehlstreuung nimmt zu, die Wirkung ab; mit seinem Telecommander in der Hand flaniert der Konsument an den Fernsehkanälen entlang und läßt den ihn verfolgenden Werbespot – zapp – ins Leere laufen, weil ihm, wenn's nur um Unterhaltung geht, die Abwechslung und das Programm der Profis lieber ist.

Wege aus der Gefahr? Vielleicht, daß man darüber nachdenkt, ob in diesem fabelhaften System nicht Ursache und Wirkung verwechselt werden. Könnte das egomanische, launische Flanierverhalten der Menschen nicht auch die Folge von zuviel Anpassung und Zuvorkommenheit unsererseits sein? Sind Marketingorganisationen mit ihrer strukturbedingten Neigung, sich selbst zu vermehren, nicht auch Ursache für die Zersplitterung von Marken und Märkten? Ist, weil wir so hoch dosieren, das Heilmittel vielleicht zum Gift geworden? Was hilft's. Das Karussell dreht sich immer schneller, und die Atemlosigkeit des einzelnen wird vom Jauchzen der Menge übertönt.

Dagegen die Marke. mon Chéri, Mövenpick, Marlboro. Ruhig ziehen sie ihre Bahn, lassen sich durch Finten nicht beirren, folgen innerer Notwendigkeit, ohne ihr Publikum je aus den Augen zu lassen. Die Grundidee der Marke ist ebenso plausibel wie die des Marketing, aber eben eine andere: Sei autonome Schöpfung und vertraue auf ihre wirklichkeitsverändernde Kraft. Nicht zufällig sind große, noch heute bewunderte Marken in der zweiten Hälfte des 19. Jahrhunderts geschaffen worden; in einer Epoche, welche die Industrialisierung der Gesellschaft und die neuen Möglichkeiten der Massenproduktion ideologisch kompensierte durch eine Theorie vom autonomen Genie und der Emanzipation des künstlerischen Schaffens; und die Werke hervorgebracht sehen wollte, die nicht durch Vorstellungen von Publikumserwartungen, sondern durch die Selbstanforderungen ihres Schöpfers determiniert waren, oder – um mit Paul Valéry zu sprechen – nicht gleichsam vom Publikum geschaffen sind, sondern im Gegenteil dazu neigen, ihr Publikum allererst zu erzeugen. Die Zielgruppe entstünde also *mit* der Marke und nicht *vor* ihr.

Daß sich die Verhältnisse derart umkehren können, ist aus mehreren Gründen einsichtig. Erstens vollzieht sich Evolution häufig dergestalt, daß eine unerwartete, unbegründbare Abweichung eines einzelnen Exemplars sogleich der Gattung eine neue Richtung weist. Zweitens sind derartige Vorgänge auch in unseren Märkten zu beobachten. Beispielsweise bei der Geburt des »Walkman« und dem Entstehen seiner weltweiten Gefolgschaft. Der Präsident von Sony persönlich hatte sich diesen Klang-Zwerg ausgedacht, wußte aber außer Intuition so wenig Argumente oder sonstige Beweismittel einzubringen, daß er ihn nur mit einer Machtprobe durchbringen konnte: Sollte sich die Company seiner Idee verweigern, werde er zurücktreten. Sony folgte. Anders zwei europäische Unternehmen der Unterhaltungselektronik. Eines bekam durch Industriespionage schon früh Wind von der Sache und ließ das Konzept international testen. Ergebnis: Kein Bedürfnis, kein Bedarf. Das andere hielt die Sache für so abwegig, daß ihm ein »Putzfrauentest« mit einem der ersten Exemplare genügte, um die Marktchancen auf Null herunterzurechnen. Damit stand dem Siegeszug des Walkman nichts mehr im Wege.

Es scheint, als trennten sich an solcher Stelle nicht nur Bedarfsdeckung und Bedarfsschöpfung, sondern auch das Verhältnis zur Wirklichkeit. Während der eine sie als das einzige nimmt, woran man sich halten kann, als das sicher Gegebene – auch die Bedürfnisse sind gegeben, denn jemand hat sie, und man kennt sie –, wittert der andere in dieser Wirklichkeit auch die Möglichkeiten, sie zu verändern, durch seine Tat einen neuen Zustand herbeizuführen. Diese neue

Wirklichkeit ist dann in ihrer Ordnung, in ihren Werten und Zielsetzungen wesentlich durch diese Tat geprägt; weshalb der, der sie vollbringt, in der Mythologie auch als Held gefeiert wird.

»Wir bewundern diese Helden, weil wir im tiefsten fühlen, daß ihr Weg auch der unsere sein sollte – wenn wir ihn einschlagen könnten. Aber da wir Angst haben, glauben wir, daß wir es nicht können und daß nur der Held es kann. Der Held wird zu einem Idol.«[1] Er weist unserem Denken und Handeln die Richtung, schafft einen neuen Orientierungsrahmen, wird zum Vorbild, von dem wir Menschenkinder das Abbild zu werden wünschen.

»Nachfolge« hat es Immanuel Kant in seiner Kritik der Urteilskraft genannt und den »rechten Ausdruck für allen Einfluß, welchen Produkte eines exemplarischen Urhebers auf andere haben können: Welches nur soviel bedeutet, wie aus denselben Quellen schöpfen, woraus jener selbst schöpfte und seinem Vorgänger nur die Art, sich dabei zu benehmen, ablernen.«[2]

Unwillkürlich denkt man in diesem Zusammenhang an die Geschichte vom Mövenpick-Eis in Deutschland. Für die Idee der Schweizer, ein Haushalts-Eis mit ganzen Frucht- und Nußstücken zu versetzen, mochte sich keiner der großen und kompetenten Hersteller erwärmen. Zu deutlich sagten ihnen Verbraucherdaten und langjährige Erfahrungen, daß es dafür keinen Markt, nicht einmal ein Segment gäbe. Der als dritter gefragt wurde, Theo Schöller, aber biß an und verwirklichte die Idee. Schöller's Mövenpick mit Walnüssen hat unsere Eis-Welt binnen kurzem gründlich verändert: Die Käufer fingen an, es zu bevorzugen, bald galt es ihnen als das beste an Eis überhaupt. Heute wird ähnliches auch von Langnese und Dr. Oetker angeboten; Eis mit Stücken ist in den Meinungsumfragen der neue Premium-Standard.

Vergleichbares vollzog sich, als Persil phosphatfrei auf den Markt kam. Bis dato hatten die Verbraucher zwar reichlich Lippenbekenntnisse zum Umweltschutz abgelegt, aber mit ihrem realen Kaufverhalten steuerten sie an allen, zum Teil wohl auch obskuren Phosphatfrei- und Bio-Angeboten vorbei, noch immer auf die Großmarken mit ihren alten Rezepturen zu. Niemand also konnte seine Hand dafür ins Feuer legen, daß solche Schizophrenie zwischen Reden und Handeln mit einem umweltfreundlichen Persil beendet sein würde. Andererseits fühlte Henkel die Chance, mit einem solchen Schritt seine normgebende Rolle im deutschen Waschmittelmarkt ausbauen und festigen zu können. Die Entscheidung fiel in einer denkwürdigen Vorstandssitzung; denn immerhin ging es um das Flaggschiff des Hauses: Wenn, dann sollte es aus Sicherheitsgründen zwei Persils geben, das alte und das neue phosphatfreie. Mit diesem Marken-Split, der vom Hauptkonkurrenten Ariel und anderen übrigens nachgeahmt wurde, verzögerte sich zwar der Umsprung in die neue Ordnung, zwischenzeitlich schien die Entwicklung sogar zu stocken, aber nach achtzehn Monaten war alles entschieden. Es wurden nur noch phosphatfreie Waschmittel verkauft und gekauft. Persil hatte in diesem Markt, ohne durch dessen ablesbare Wirklichkeit legitimiert oder gar ökonomisch gezwungen zu sein, also autonom, eine Vorbild-Funktion ausgeübt, die Erich Fromm für jede menschliche Gesellschaft als unerläßlich ansieht. Er nennt sie »Religion«. »Zur Klarstellung: So wie ich den Begriff ›Religion‹ hier verwende, bezeichnet er nicht nur ein System, das notwendigerweise mit einem Gottesbegriff oder mit Idolen operiert, und nicht nur ein System, das als Religion anerkannt ist, sondern jedes von einer Gruppe geteilte System des Denkens und Handelns, das dem einzelnen einen Rahmen der Orientierung und ein Objekt der Hingabe bietet. Diese Definition sagt nichts über ihren spezifischen Inhalt aus. Objekt der Hingabe können Tiere oder Bäume sein, Idole aus Gold oder Holz ...«,[3] also auch ein Mövenpick oder ein Persil oder ein Walkman.

Wesentlicher als der Inhalt der Hingabe-Objekte ist in der Tat die strukturelle Bedingung, daß die von ihnen repräsentierte Ordnung von »einer Gruppe geteilt wird«, von einer Menge, von einer Masse, je nachdem. Wie es aber dazu kommt, ist eines der bestgehüteten Geheimnisse der Massenpsyche. Irgendwie muß das einzelne Exemplar, das einen von der Gattung und ihrem geltenden System abweichenden Willen verwirklicht, eine große Verwandlungs- und Anziehungskraft auf sie ausüben, damit sich ein neuer Gattungs-Wille um diesen Kern bildet. Hans Domizlaff spricht in diesem Zusammenhang von der Schwingungsübertragung zwischen einer Marken-Idee und ihrem Publikum, einem schicksalhaften Vorgang, den man durch keine noch so gut ausgeführte handwerkliche Arbeit herbeizwingen könne.[4] Der Funke muß überspringen, Charisma muß einer haben, so reden wir richtigerweise; weil auch wir Heutigen mit unseren Erklärungen nicht weiter sind als Le Bon, der die rätselhaften und unauslotbaren Eigenschaften des »Führers« im Begriff des Nimbus (le prestige) zusammenfaßte.

Verfügt eine »Gestalt« allerdings über solche Kräfte, dann sind alle anderen, die nicht darüber verfügen, bald in ihrem Bann; und auch ihr individuell motiviertes Denken und Handeln erweist sich als Nachfolge. Selbst wenn es freiwillig geschieht und die Gefolgschaft jederzeit aufgekündigt werden könnte.

[1] Erich Fromm: Haben oder Sein; die seelischen Grundlagen einer neuen Gesellschaft. Deutscher Taschenbuch-Verlag, München, 6. Auflage 1980, Seite 108

[2] Immanuel Kant: Kritik der Urteilskraft. Felix Meiner Verlag, Philosophische Bibliothek, Band 39a, Hamburg 1974 (unveränderter Nachdruck von 1924), Seite 133

[3] Erich Fromm, a.a.O., Seite 130 f.

[4] Hans Domizlaff: Die Gewinnung des öffentlichen Vertrauens; ein Lehrbuch der Markentechnik. Verlag MARKETING JOURNAL, Hamburg 1982, Seite 311

Gefallen und Erkennen

Der Produktnutzen ist nicht der Anfang der Geschichte

Nichts ist so praktisch wie das Schöne, denn Häßliches hindert. Hinderliches aber taugt nicht für die Ausübung einer Kunst, nicht für »praxis«, wie die alten Griechen das nannten; auch nicht für jene, die wir das Leben nennen. Das Schöne nämlich ist nicht nur handlich für die Hand, sondern erst recht für die Seele. Ohne das Schöne ist das Praktische nur praktisch. Ist das Praktische aber auch schön, beschwingt es. »Nicht schön, aber praktisch« sagen wir; und wenn es ein Schnäppchen war, zeigen wir Staubsauger oder Rock und Bluse auch durchaus gerne. »Praktisch und schön« – die Reihenfolge zeigt uns immer noch bei bemühter Suche nach Verständnis. Im »schön, aber unpraktisch« zeigt das gekünstelte Lächeln den hilflosen Ästheten. Erst im »schön und praktisch« verbindet sich unser Besitzerstolz mit einer geheimnisvollen Würde; denn die schönste »praxis« ist eben die schöne. So ist die Nivea-Dose nicht nur Creme-Verpackung. Sie adelt als schöne Dose auch das Badezimmer; das Hermès-Tuch ist nicht nur Be-, sondern auch Verkleidung, also Gestaltungsabsicht; der Jaguar nicht nur Auto, sondern auch huschende Herrschaft im Dschungel der Städte.

Das Schöne als Element praktischer Lebensgestaltung

Mit dem menschlichen Organismus entsteht der Wunsch, es schön haben zu wollen. Unser Verlangen danach ist, das ist durchaus bedeutsam, ein appetitus humanus, also, entgegen mancher Annahme, an keine Rasse, keinen Stand gebunden, an kein Abschlußzeugnis und kein Geschlecht, mit ziemlicher Sicherheit noch nicht einmal an ein Alter. Warum? Weil ein Urteil darüber, ob mir etwas gefällt, meiner ganz und gar eigenen innerlichen Betrachtung überlassen bleibt. Jeder Marktteilnehmer beurteilt das Design eines Löffels, die Atmosphäre eines Kaufhauses oder einen Film auch nach einer Schön-Häßlich-Dimension. Jeder Marken-Kenner spürt die kleinen Verletzungen an der als schön empfundenen Gestalt seiner Marke wie eine atmosphärische Vibration. Auf eigenartige Weise kann dieses höchst private Urteil von jenem unterschieden werden, das durch irgendwelche komplizierten Überlegungen, durch Wissen und Bildung also oder, wie wir heute so oft sagen, durch Informationen zustande kommt.

»Unsere Lust an der Schönheit ist eine allgemein menschliche Lust. Schönheit sollte als eine notwendige Bedingung der Menschheit aufgezeigt werden.« Derartige Passagen finden sich bei Friedrich Schiller, der unser Schönheits- und also Häßlichkeitsurteil aus einem »ästhetischen Allgemeinsinn« hervorgehen sieht, einem »a priori Gemütszustand«, der an den Formen der Dinge um uns herum »das Schöne« blitzartig zu beurteilen vermag und damit Wohlgefallen – und selbstverständlich ebenso Mißfallen – entstehen läßt. Das Schöne »wird für sich allein ein Objekt seines, des Menschen, Strebens« – der Räuberpoet gibt der »ästhetischen Stimmung« damit erstaunliche existentielle Dichte und alltägliche Bedeutung. Er nimmt ihr jeden ästhetisierenden snob appeal und löst sie völlig aus der geistreichelnden Höhenecke verkrampfter Kunstdiskussionen. Schönheit wird für ihn ein grundlegendes Phänomen täglicher Lebensgestaltung. Grundlegend im ernsten Wortsinn: so richtig zufrieden sind wir erst, wenn wir es schön haben. Das Schöne gehört damit zur leisen

Geschichte des ewigen Geschehens. Man könnte in Schillers Sinne zugespitzt sagen: An nichts sind Menschen so interessiert wie an dem »interesselosen Wohlgefallen«.

Deshalb nämlich wollen wir schöner essen, schöner aussehen, schöner Urlaub machen, schöner schlafen, schöner wohnen, schöner sterben. Unsere diesbezüglichen Zeitschriftentitel mit ihren vielen schönen Gegenständen haben wir uns eben deshalb erfunden: Das Schöne ist nicht nur ein Butterklecks auf dem Schwarzbrot des Lebens, nein, unser ganzes Streben ist auf dieses gerichtet. Unsere Suche nach schönen Dingen, nach schönen Empfindungen, schönen Plänen und immer schöneren Gestaltungen sind Beleg für die sublime Art unserer oft geschmähten materiellen Verknüpfung mit den Dingen – durch deren Form nämlich. »So wie sich dem Menschen von außen her, in seiner Wohnung, seinem Hausgeräte, seiner Bekleidung allmählich die Form nähert, so fängt sie endlich an, von ihm selbst Besitz zu nehmen und anfangs bloß den äußern, zuletzt auch den innern Menschen zu verwandeln.« Wie sehr hätte Schiller diese seine entwicklungsgeschichtliche Idee bestätigt gefunden durch den archäologischen Befund, daß bereits der Neandertaler seine Toten ganz offensichtlich zu schmücken pflegte. Die Pollen, die man an seinen Grabstätten fand, stammen wahrscheinlich von Blumen. Er wollte es den Verblichenen schön machen.

Wie die Mütter ihren Überlebenden während der ersten Nachkriegswinter, als sie versuchten, den kargen Tisch mit Sanella, Maizena und Cadbury anzureichern; das Händewaschen der Kinder vielleicht mit Sunlicht-Seife zu ermöglichen; die Freude an etwas schön Gesagtem, Gespieltem, Gedachten zu wecken, und also ins Stadttheater zu gehen, einen Roman von Courths-Mahler zu lesen oder eine alte Furtwängler-Aufnahme zu hören; wie die Kriegsgefangenen im Lager, wenn sie mittels Taschenmesser und Improvisationsphantasie sich die

»schöne Sauerei« verschönern wollten. Ein harter Beleg für die Schiller'sche Ansicht von der überall wirkenden Suche nach dem Schönen: Sie hilft uns sogar im häßlichen Elend, eben dieses besser zu bestehen, indem wir ihm eine schöne Seite abgewinnen. Unser Urteilsvermögen über schön und häßlich, über das Gestaltete am Stoff, ermöglicht uns die wertende Orientierung in unserer jeweiligen Welt; ununterbrochen schaufeln wir uns mit seiner Hilfe unseren Weg durch Dinge und Erscheinungen.

Doch warum gibt es derer so viele unterschiedliche? Warum gibt es nicht ein Fortbewegungsmittel, sondern Volkswagen, Mercedes, Citroën und Opel? Warum nicht ein fernmündliches Übertragungsgerät, sondern Telefone von Siemens, Telefunken, SEL? Warum nicht ein Fernsehprogrammheft, sondern Programmzeitschriften wie Hörzu und Funk Uhr, Fernsehwoche oder das Stern-TV-Magazin. Die Erklärung für diese verwirrende Vielfalt ist einfach: Unser menschliches Vermögen zum Schönheitsurteil gestalten wir zu schier unendlich vielen Schönheitsausprägungen. Unsere Begabung zur Schönheit bringen wir in vielen Varianten des Schönen zur Erscheinung. Es ist wie bei der Sprache: Unser Sprachvermögen formten wir zu Tausenden von Sprachen, unsere Fähigkeit zu Geschmack bilden wir zu Milliarden von Geschmacksnuancen. Ist das Vermögen zum Schönen der ästhetische Allgemeinsinn, so ist der Geschmack die jeweils anzutreffende Gestalt-Besonderheit. Ist die Schönheitslust verbindendes Gattungsmerkmal, so ist der Geschmack unterscheidendes, ja trennendes Tun, intime Regung der Seele. Geschmack ist gelebter Schönheitssinn. Nur als Geschmack zeigt sich menschengemachte Schönheit.

Denn geboren wird das Schöne der Dinge im Geschmacksurteil. Wenn der Designer einer Marken-Gestalt zu einer Auftrittsvariante verhilft, so geht er zwar vordergründig gesehen mit seinem eigenen Geschmacksurteil um. Genauer besehen, beschäftigt ihn bei diesem Gestaltungsvorgang jedoch das vorgestellte Gestaltgefüge der Marke ebenso wie die kompositorische Leistung des Massengemüts, dessen Empfindlichkeit ihm aus vielen Gesprächen mit Kunden vertraut ist – oder doch sein sollte. Damit bewegt er sich aber bereits in einem Urteilskompositum, dem er in dienender Haltung eine weitere »möglichst schöne« Facette einfügen wird. Auf diese Weise modelliert er am Material für Geschmacksurteile und also in unmerklicher Weise an der Bildung von schön und häßlich.

Das Erkennen verändert das Gefallen, verdrängt es aber nicht

Wenn die Farben der um uns versammelten Gegenstände, die Klänge der uns umgebenden Musik, der Melos einer uns vertrauten Stimme, der optische Gesamteindruck eines von uns eingerichteten Zimmers, der Geruch unserer Lieblingsspeisen und noch vieles andere mehr »nach unserem Geschmack« sind – in unserer Warenwelt sicherlich immer »je nach Geldbörse« –, so bilden wir durch dieses geschmackliche Wollen einen Kreis von Dingen um uns, der sich zu unserem schönen Zuhause, zu unserem Büro, zu unserem Arbeitsplatz verdichtet. Keineswegs haben wir überall die gleichen gestalterischen Einflußmöglichkeiten. Deshalb finden wir es ja auch an vielen Orten weniger schön, nicht einladend, manchmal gar häßlich.

Aber auch das Häßliche belebt unseren Sinn für Schönes. Die im Hausflur liegenden Preiszettel manchen Händlers, die wild zusammengedruckten Prospekte mancher SB-Kette zeigen schon in ihrer häßlichen Gestalt, daß diese Gegenstände nicht schön, sondern nur billig zu haben sind. Unsere geschmackliche Gestaltungskraft ist allerdings derart zupakkend, daß wir selbst aus Billigpreis-Sonderangeboten schöne Abendessen für unsere Familie, aus einem verramschten Marken-Produkt ein schönes Geschenk, aus einem im Drogeriemarkt zwischen Windeln und Toilettenpapier herausgefischten Nobel-Parfum einen schönen Augenblick hervorzaubern. Unser ästhetischer Privatsinn anverwandelt alles Erreichbare und Erschwingliche zu einer möglichst schönen Lichtung im dunklen Wald des Lebens. Die Marken verleihen dabei dem Ganzen besonderes Funkeln.

Der schöne Lebenskreis aber bliebe ohne Bewegung, der Geschmack würde sich nicht ändern – wenn wir ihm nicht durch unsere Suche nach Verbesserungen Unruhe und Neugier nach Neuem beimischten. Das, was uns gefällt, wird immer angenagt vom Zweifel, ob es denn noch gut genug ist. Das Schöne soll eben auch praktisch sein – sonst ist es nur schön und trägt schon den Tod in sich. Geschmack hin, Geschmack her – der neue Einspritzmotor von BMW, die neue Faser von Gore-tex, der neue Walkman von Sony sind Anlaß zu erneutem Hingucken und horchendem Fragen. Das technisch Neue kommt nicht notwendigerweise in vertrauter Gestalt daher; im Gegenteil: der neue technische Einfall wird auch zu neuer Form genutzt.

So öffnen wir mit unserem Erkenntnisvermögen unseren empirischen Geschmackskreis. Ins Vertraute, das uns einfach gefällt, führen wir Begründungen ein, die einer anderen Art von Raisonnement entspringen. Wir blicken jetzt durch die Form gleichsam hindurch auf einen bestimmten Zweck, der uns zum Grund wird. Dieser Grund begründet nun unser Interesse und ermöglicht uns damit etwas sehr Wichtiges: Indem wir ihn erkennen und ihm nachgeben, bieten wir unserem Geschmack, unserem Gefallen Korrekturmöglichkeiten, Ergänzungsspielraum, Entdeckerfrischluft. Neue Erkenntnisse, neue Informationen bringen frischen Wind in geschmackliche Stallwärme.

Jetzt beginnen die Diskussionen. Das sichermachende Gefallen wird durch die öffnende Information bedroht. Vertraute Formgewohnheiten müssen gerechtfertigt, verteidigt werden. Warum noch der alte Rasenmäher und nicht der neue von Wolf? Warum noch die alten Messer, wo es doch jetzt von WMF die mit der schrägen Klinge gibt? Warum der alte Fernseher, der nicht einmal alle Kabelsender empfangen kann, und das alte Lexikon, wo es doch die Lexikothek von Bertelsmann gibt, die alles frischer und farbiger enthält? Und dann überhaupt der alte Käfer, der doch so viel verbraucht. In die Ecke gedrängt, verteidigt man seine Schönheiten gegen die Zugluft des Frisch-Erfundenen. Und möglicherweise verliert die vertraute Marken-Gestalt(ung) sogar durch das überlegene Feature eines Wettbewerbers an Kraft.

Die häufig mühevolle Suche nach Gründen für unsere geschmacklichen Selbstverständlichkeiten illustriert uns unsere Schwierigkeiten, das Privat-Schöne ins Allgemein-Nachvollziehbare, Allgemein-Akzeptierte einzuklinken. Oft durchaus vergeblich. Die Treue zur vertrauten Schwartau-Konfitüre, zum Persil-Waschmittel, zum Odol-Mundwasser als schön empfundene Haltung des Gemüts – aber wie soll man anderen das Schöne solcher Anhänglichkeit erklären? Und doch sieht man sich interessiert auch andere Produkte an. Geschmackswandel, Geschmacksgeschichte, die Geschichte der Schönheit(en) vergegenwärtigen uns, daß gefälliges Tun und irritierendes Erkennen einander im Leben nicht ausschließen. Vielmehr führt neue Technik zu neuen Formen, beim Automobil ebenso wie beim Pudding, in der Baukunst ebenso wie beim Kaffeekochen.

Dies wird häufig bestritten und im Gegenteil behauptet, Zivilisation würde zur Vernichtung von Vielfalt, ja in den

Kulturruin führen. Umgekehrtes geschieht: Experimentierfreude, Technik, Verbesserungslust führen zu neuen kulturellen Gestaltungen. Unsere ökologischen Erkenntnisse bringen über die Beschäftigung mit dem Energieverbrauch viele neue Formen im Konsumgütermarkt hervor. Der CW-Wert hat in der Automobilindustrie zu einem Styling geführt, das weltweit geschmacks-umbildend wirkt. Seine Gründe sind global gültig und daher auch übertragbar. Sie sind die Chance für neue Markenbildungen. Das Nutzen neuer Erkenntnisse ist daher immer auch gestalt-revolutionär; die Argumente neuer Marken animieren unser kritisches Gespür. Damit locken sie uns ins Neue, Zukünftige, Auszuprobierende.

Und manche hoffen immer noch, das so unterschiedliche Gefallen mit seinen sich gegenseitig ausschließenden Geschmacksarten ließe sich eines schönen Tages ganz in den einheitlichen Konsens des Erkennens auflösen, die Topik des jeweils örtlich-schönen Tuns werde der Utopik des ortlosen Erkannt-Vernünftigen weichen. Doch da verkennen sie wohl die Rangfolge zwischen Gefallen und Erkennen. Wieso? Weil die ontisch primäre, d.h. in unserem Tun unmittelbar aktive Beurteilungsform die des Gefallens oder Mißfallens, also die des Ästhetischen ist und bleiben wird. Erst in ihr, sie dann allerdings begründend oder teilweise mit Macht erweiternd, entsteht und wirkt das Erkennen von Zwecken mit seiner argumentativen Logik. »Das Schöne« eines Geschmacks ist eine meist lebensintensivere Wahrheit als die Einsicht. Sie ist für uns das Gute und das Wahre. »Das hast du schön gemacht«, sagen wir zur Tochter und meinen, daß sie es »gut« gemacht habe. Nicht vom »schönen«, nein, vom »guten Geschmack« sprechen wir, und der Geschmack der andern ist nicht »häßlich«, er ist »schlecht«. Die fallbeilartige Vehemenz der Bemerkung »ziemlich geschmacklos« gibt Kraft für manche Distanzierung. Und wenn wir im Laden stehen, zwischen Hunderten von Einzelstücken, bekennen wir trotzdem, »das Wahre« noch nicht gefunden zu haben. Manche Verkäuferin hat es schmerzlich erfahren: Da liegen fünf erstklassige Pullover auf dem Tisch, neue Faser, neue Muster, neue Kollektion – und doch entquält sich der Kundin der Satz, daß sie ja allen Argumenten folgen könne, gefallen täte ihr aber keiner so recht.

Sie hätte es auch mit einem Klassiker sagen können: »Ich muß unmittelbar an der Vorstellung des schönen Gegenstandes die Lust empfinden, und sie kann mir durch keine Beweisgründe angeschwatzt werden«, so Immanuel Kant, ein Lehrmeister Schillers, im 34. Paragraphen seiner »Kritik der Urteilskraft«. Kant wird derartige Vorgänge oft genug an sich erlebt, vielleicht sich ihrer auch erwehrt haben. Ein Computerverkäufer, fleischgewordene Globalität vom Produkt her, bemerkte kürzlich, die Leute seien wirklich komisch, sie würden sogar bei High Tech-Produkten nach dem Design kaufen. Oft auch hören wir sagen, die erste Frage sei die nach dem Preis, die Leute guckten als erstes immer auf den Preis, der Preis müsse stimmen. Vorsicht: Das ist bereits die zweite Frage. Vorher ist schon verflixt viel gelaufen, wenn nicht gar alles wirklich Entscheidende: Unser Gemüt hat für sich selbst die erste Frage bereits beantwortet – irgendwas hat ihm gefallen.

Gefällige Werbung öffnet das Gemüt der Kenntnis

Wenn das Gefallen aber eine besondere Antwort unserer Seele auf gestalthafte Wahrnehmung und das Erkennen der argumentative Horchposten bei diesem Vergnügen ist, so erregt die Begegnung mit Werbung für das Erzeugnis einer Marke beide Facetten unseres Gemütes. Die Freude an Schönem ist Genuß des Gestalteten, die Lust an Frisch-Erfundenem Neugier auf Nützliches. Beides durchdringt sich ständig – auch in der Werbung. In der Anzeige, im Spot, in der Kampagne mischen sich beide Komponenten zur symbolischen Miniatur. In vielfacher Weise in Relation zum Kompositum Marke ist der Werbeauftritt ein Brennglas. Verschmolzen sind in ihm das Gestalthafte und das Informative; zum Brennglas wird es, weil das Markenwesen insgesamt in neuer Weise sichtbar wird. Die Trennung liegt nicht notwendigerweise zwischen Bild und Wort. Auch die Gestalt eines Chanel-Parfumflacon wird von uns erkenntnismäßig wahrgenommen; ebenso wie umgekehrt ein Text in einem Gesamtplakat schön oder häßlich wirkt – was immer bedeutet: von uns in dieser Weise mit einem inneren Lust-Urteil beantwortet wird. Der Werbeauftritt ist nicht in »aesthetics« und »informatives« zu trennen, also etwa hier Farbe, Linie und Klang, dort Sätze, Hinweise, Ausrufungszeichen. Vielmehr ist jede Werbegeste ein kleines geistiges Lebewesen, dem wir mit unserem ganzen Gemüt begegnen: als ästhetisch Urteilender und als Nutzen Suchender sind wir dabei aktiv. Die gefällige Form bietet beides an. Dann öffnet sich unser Gemüt lustvoll neuer Kenntnis.

Oft jedoch soll es gewalttätig erobert werden. Überrumpelung ist angesagt – Vilim Vasata nannte unsere Plakatstraßen und Anzeigenseiten, unsere TV-Lärmer und Radio-Brüller Teile einer Gesellschaft von der häßlichen Gestalt. Werbung soll werben – aber innerhalb welcher ökonomischen Kulturgestalt? Einer drängenden, anfallenden, überfallenden, einer verschämten, auffordernden, einladenden? Eine Typologie der Werbung ist eine Typologie von Gestaltgebilden. Werbung ist durchaus als Kommunikation zu sehen, aber funktional innerhalb eines Kompositums, das als Marken-Wille Kunden belebt, die als Menschen wiederum dieses Kompositum komponieren.

Zu solcher Kompositionsarbeit sind wir besonders geneigt, wenn auch unser Verstandesurteil angeregt wird. In der Marken-Werbung verbinden sich daher Gefallen und Erkennen zu einer Form, die in-formiert, zur schönen Form mit erkennbarer Information. Der Marken-Kunde ist auch immer kritischer Verbraucher; mit »kritisch« ist dabei nicht eine mäkelnde und augenbrauenrunzelnde Attitüde gemeint, sondern im deutlicheren Wortsinn eine Haltung des Verstandes, der die Bedingungen für die Möglichkeit weiterer Marken-Liebe prüft. Mal überwiegt das eine, mal das andere, die Anteile sind unterschiedlich denkbar. Die informative Kleinanzeige in der Notzeit sollte zu Kenntnis bringen, die schöne Doppelseite heute verzichtet möglicherweise fast ganz auf Produkthinweise. Aber auch in der reinen Textanzeige spielte die Schönheit ihre Rolle; sollte ein bißchen Rand doch bleiben, das Fettgedruckte zum anderen Schrifttyp passen, eine Umrandung hinzukommen, wenn es sich denn irgend machen ließe, die Umstände es gestatteten. Sicherlich: es kam vorwiegend darauf an zu informieren, aber doch hieß es bei der hastigen Auftragserteilung: »Machen Sie's mir so schön es eben geht.« Schönheit und Information, Gefallen und Erkennen schließen einander keineswegs aus; vielmehr befriedigen sie erst gemeinsam unsere Suche nach Einladungen zu möglichen Vertrauensverhältnissen im Markt, indem sie uns entweder an bereits vertraute Gegenstände erinnern oder uns auf neue aufmerksam machen.

Hören wir nochmals Friedrich Schiller zu, und vergegenwärtigen wir uns dadurch auch, daß das hier Vorgetragene keineswegs neu ist, vielmehr guter alter deutscher Schule entstammt. In seinem Essay »Über die notwendigen Grenzen beim Gebrauch schöner Formen« schreibt er: »Zur Überzeugung des Verstandes kann die Schönheit der Einkleidung ebenso wenig beitragen, als das geschmackvolle Arrangement einer Mahlzeit zur Sättigung der Gäste, oder die äußere Eleganz eines Menschen zur Beurteilung seines innern Werts. Aber ebenso wie dort durch die schöne Anordnung der Tafel die Eßlust gereizt und hier durch das Empfehlende im Äußern die Aufmerksamkeit auf den Menschen überhaupt geweckt und geschärft wird, so werden wir durch eine reizende Darstellung der Wahrheit in eine günstige Stimmung gesetzt, ihr unsere Seele zu öffnen und die Hindernisse in unserm Gemüt werden hinweggeräumt . . . «. In der Werbung, so kann das gelesen werden, geht es zwar letztlich um Produkt-Erkenntnis, aber um dieses Erkennen herum geschieht das Gefallen – oder Mißfallen – und öffnet – oder verschließt – das Gemüt möglicher Käufer. Wirkung und Zweck des Schönen in der Werbung für Marken-Produkte – schlag' nach bei Schiller, schöner kann man's kaum sagen.

Gewalt gegen Gestalt

Die Angst der Marke vor der Arbeitsteilung

So sehr uns die Idee einer schönen Gestalt gefällt, so gern wir unseren persönlichen Umgang mit Marken nach den Spielregeln von Gefallen und Erkennen gestalten und begreifen, daß man schwerlich etwas verkaufen kann, was dem Käufer nicht gefällt, so schwer fällt es, den innewohnenden Prinzipien auch dort Geltung zu verschaffen, wo die Gestaltung einer Marke zur professionellen Aufgabe und zum Teil einer ökonomischen Strategie wird. Allzuvieles steht uns dann im Weg.

Es beginnt schon mit der Aufgabenteilung zwischen Marken-Management auf der einen und Werbeagenturen und Designern auf der anderen Seite. Kaum haben beide Parteien im Briefing beschlossen, daß der Konsumenten-Geschmack Leitlinie und Maßstab der Arbeit sein werde, beginnt schon der Streit darüber, wer ihn denn am besten zu erkennen vermöge. Und indem sich ein diesbezüglicher Anfangsverdacht polarisierend zur vermeintlichen Tatsache verdichtet, finden sich beide Parteien nach wenigen Verhandlungsrunden auf vertrauten Positionen: Der Agentur-Manager, der die Schöpfungen seiner Grafiker und Texter vertritt, sieht sich dem Vorwurf einer elitären, auf Kollegen-Bewunderung zielenden Ästhetik konfrontiert, die den Verkaufszweck des Auftrags nicht erfülle; während der Industrie-Manager, ohne durch größere Nähe zum Konsumenten irgendwie legitimiert zu sein, dem vermeintlichen Massengeschmack zur Seite tritt und gestärkt durch dieses Bündnis dem »Agentur-Kunstwerk« zu Leibe rückt.

Wer von beiden im Einzelfall auch recht haben möge, in unserem Zusammenhang interessiert vor allem, daß derartige Eingriffe in die Gestalt eines Produktes, einer Verpackung, einer Anzeige oder eines Fernsehspots meist analytisch begründet und ohne Rücksicht auf Ganzheitlichkeit, auf die hochgradige Abhängigkeit aller inhaltlichen und formalen Elemente untereinander, vorgenommen werden.

Ob die Analyse aber ein geeignetes Mittel ist, den lebendigen Wirkungszusammenhängen eines Werbemittels auf die Spur zu kommen, mag man grundsätzlich bezweifeln. Bei allem Respekt vor den Naturwissenschaften hat selbst Goethe gewarnt: »Wir glauben zu einer solchen Kenntnis am besten durch Trennung der Teile gelangen zu können. Aber diese trennenden Bemühungen, immer und immer fortgesetzt, bringen auch manchen Nachteil hervor. Das Lebendige ist zwar in Elemente zerlegt, aber man kann es aus diesen nicht wieder zusammenstellen und beleben. Dies gilt schon von vielen anorganischen, geschweige von organischen Körpern.«[1] So kann man mit den Teilen einer gestalteten Ganzheit nicht beliebig verfahren – dem einen mehr Gewicht geben, ein anderes mindern, eine Reihenfolge umkehren, hier die Lautstärke anheben, dort die Farben ändern, Schatten in Licht verwandeln oder gar einem Fotomodell mit Hilfe der Retusche einen fremden Kopf aufsetzen –, ohne daß das Leben aus der Gestalt entweicht und die Wirkung dahin ist. Der schleunige Nachweis, daß gleichwohl alles Notwendige immer noch im Werk enthalten sei, verrät nur, daß hier ein Denken praktiziert wird, welches sich seiner Gewalttätigkeit gegen das Organische nicht bewußt ist, dem Publikum auch die Sensibilität dafür abspricht und es lieber mit dem Nötigen abspeist, als darauf zu vertrauen, daß seine Eßlust allein durch die schöne

Anordnung der Tafel gereizt wird. Man müsse schließlich und schnell auf den Punkt kommen und dürfe nicht in Schönheit sterben.

Mit einer solchen Feuertaufe ist die Marken-Gestalt nicht unbedingt am Ende ihres Passionsweges angelangt. In den Gesprächen zwischen zwei anderen Kontrahenten, dem Marketing und der Vertriebsmannschaft, ahnt sie neues Ungemach, falls die beiden nicht unter einer Führhand den Wagen ziehen. Auch hier findet sich häufig ein fast institutionalisiertes Mißtrauen gegeneinander. Die Männer von der Front gegen die (akademischen) Herren am grünen Tisch. Der Verkaufsapparat – wie Domizlaff ihn nannte – meldet Zweifel an der Verkäuflichkeit an; und wenn er nur für ein erreichtes Quantum belohnt wird, ist schnell die Forderung auf dem Tisch, dem Ding mit primitiveren, gröberen Mitteln Beine zu machen. Unversehens bekommt die Packung ein zackiges Aktions-Label ins Gesicht geklebt, oder es wird eine Promotionrunde eingeläutet, in der die Marke nicht mehr mit ihrem Eigenwert locken darf, sondern sich mit Korruptionalien an den Kunden heranschmeißen wird. Daß dies eigentlich nicht ihre Art sei, wird als Argument für bessere Zeiten beiseite geschoben.

Der Gestalt-Streß von Marken reflektiert nicht nur Unwissenheit über die organische Komposition oder ökonomische Ungeduld und Mengendruck, er spiegelt häufig auch die Zerrissenheit einer Organisation, die ursprünglich mal als instrumentelles Pendant zur Ganzheit einer Marke gedacht war. Überdeutlich wird diese Gefahr dort, wo die Marke an Händler ausgeliefert wird, die mit ihr eine ganz eigene Strategie verfolgen. Ob es mit oder ohne Wissen des Marken-Inhabers geschieht, bereits die Schleuderpreis-Politik oder die verramschende Warenpräsentation kann dazu führen, daß das Vertrauen des Kunden in die vertraute Gestalt seiner Marke eine ersten Riß bekommt, der sich unbemerkt fortsetzt und weitet, wenn es noch zu weiteren Störungen eines letztlich gestalthaft gebundenen Wertgefühls kommt.

Nach den Erfahrungen der vergangenen Jahrzehnte in Deutschland könnte man ohnehin geneigt sein, insbesondere die Verbindung zum Lebensmittelhandel als Sollbruchstelle der Marke zu deuten. Seiner Unabhängigkeit, seinen Markteroberungs-Strategien und seinem kulturrevolutionären Affekt verdankt der Markenartikel ein Arsenal an ruppigen, die Eigengestalt der Marke verletzenden Maßnahmen – von der Preishammer-Angebotsanzeige bis zur ungehobelten Euro-Palette, welche die Marken in mißlicher Umgebung zeigen und sie zum Treibstoff von Niedrigpreis-Dampfern herabwürdigen.

Selbst hochklassige Parfümerien haben der Versuchung nicht widerstanden, die Marken-Solitäre ihres Sortiments in sogenannten kooperativen Werbemaßnahmen zusammenzuwürfeln, statt sie – wie von ihren Nobel-Lieferanten dringend geraten – auch weiterhin als solitäre Gestalten zu behandeln.

Welche gestalt-brechenden Effekte die Zusammenarbeit zwischen Vertrieb und Handel zeitigen kann, hat besonders schön die deutsche Zigaretten-Industrie vorgeführt, die, unter Werbebeschränkungen in klassischen Medien leidend, immer mehr Werbedruck in den Verkaufsstellen selbst machen wollte. Mit immer neuen Sonderzahlungen hat sie Plätze für ihre Waren und Dekorationen erobert, doch damit letztlich nur lange Reihen diebstahlsicherer Draht-Käfige in den Kassenzonen des Lebensmittelhandels ergattert und unter den anderen Verkaufsstellen nur diejenigen mit ihren Displays, Fensterklebern und unangemessen großen Leuchtwerbungen zupflastern können, die jede Mark zum Überleben brauchen. Die wirklichen Tabakwaren-Fachgeschäfte hatten sich diese Klebe-Schlachten und derlei Reklame-Zirkus verbeten. So entstand eine negative Selektion für die Point of Sale-Werbung: Die ärmlichsten Geschäfte zeigen inzwischen die größte und wildeste Werbekonzentration. Eine Art Slum-Effekt, der noch zwar im Widerspruch zu den hochästhetisierten Gestalt-Auftritten der Zigarette in klassischen Medien steht, sich aber längst auf unheimliche Weise mit der öffentlichen Anti-Raucher-Strategie verbunden hat: Rauchen sei kulturlos und sozialschädlich. Die einst so kultivierte Gestalt der Zigarette bebt unter den zum Teil von ihr selbst ausgehenden Stößen der Dekultivierung.

Der gemeinsame Nenner all dieser Verwerfungen einer schönen Gestalt ist der Versuch, den Druck auf den potentiellen Käufer zu verstärken, man könnte auch sagen, den Freiheitsgrad seiner Kaufentscheidung so weit zu verringern, daß er kaufen muß. Warum diese Absicht so häufig mit Verhäßlichung der angebotenen Gestalt einhergeht, wußte Friedrich Schiller gut zu erklären: Erstens als Spekulation auf die Masse, der man gern einen rohen Geschmack unterstellt, »der das Abenteuerliche und Bizarre, das Heftige und Wilde, groteske Gestalten, grelle Kontraste und schreiende Lichter zuerst ergreift.«[2] Zweitens als Angst vor der freiheitspendenden Kraft des Schönen, das für einen Augenblick die Abwesenheit aller Zwecke, auch der kommerziellen, suggeriert, unserer »Einbildungskraft mit einem Schein von Freiheit schmeichelt« und uns – wenn es gefällt – umso sicherer in seinen Bann zieht. Wer auf diese Wirkungskette nicht vertrauen mag, gibt seine Absichten lieber unverhüllt zu erkennen.

Wo Organisationen sich durch sich selbst dividieren und ihre Organigramme Abteilungsegoismen fördern statt Synergien freizusetzen, wo die Beziehungen zu Geschäftspartnern sich auf ein Minimum kaufmännischer Vertraglichkeit reduzieren und der ordentliche Umgang mit der Markenware – wenn überhaupt – durch einen Markenpflege-Rabatt erkauft werden muß, dort hat es die Marke als gestaltete Ganzheit schwer. Wer und wie soll ein so komplexes Gebilde zusammenhalten?

Durchaus keine rhetorische Frage; denn es gibt sie, die Fälle ganzheitlicher Markenführung. Ihre Darstellung sei mit einer Begebenheit eingeleitet, die einige Jahre zurückliegt: Eine der Dior-Repräsentantinnen, die bei Karstadt am Dior-Counter arbeiten, hat eines Morgens verschlafen und kommt, husch husch zurechtgemacht, verspätet an ihren Arbeitsplatz und beginnt mit dem Verkaufen. Die zufällig anwesende Bezirksleiterin von Dior pflanzt sich vor ihr auf: »Wie sehen Sie denn aus?« Der Entschuldigungsversuch mit dem Wecker trifft ins Leere. »Verschlafen kann jeder Mensch mal. Aber daß Sie es wagen, an Ihrem Stand in dieser Aufmachung zu erscheinen, das ist unverzeihlich. Bitte verlassen Sie sofort den Counter, und nehmen Sie zur Kenntnis: Solange Sie nicht so geschminkt sind und Ihre Nägel nicht so lackiert sind, wie bei Dior in dieser Saison vorgeschrieben, befinden Sie sich nicht im Dienst!«

An dieser wahren Geschichte ist mehreres bemerkenswert: Die Dior-Organisation erklärt das vertraglich-ökonomische Argument der Ausfallzeit für sekundär; Priorität hat die Einhaltung eines Gestalt-Gebotes; es wird von allen Mitgliedern unbedingt ernst genommen. Von der jungen Dame wird der beschämende Vorgang mit einer Mischung aus Wut und einem besonderen Stolz, dazuzugehören, quittiert.

Nicht nur in der eigenen Organisation sichern sich solche Marken durch Gestalt-Disziplin ab, auch ihre Händler-Beziehungen gestalten sie vertraglich, etwa durch Depotverträge, so, daß das öffentliche Ansehen der Marke keinen Schaden nehmen kann.

Ein anderes organisatorisches Konzept mit demselben Ziel ist der Vertrieb einer Marke ausschließlich über eigene Geschäfte. Die Verkäufer sind Angestellte der Marke selbst und nicht eines eigenwilligen, möglicherweise auch eigenmächtigen Mittlers. Alle Gestalt-Vorgaben der Zentrale können gegebenenfalls mit militärischer Disziplin weltweit, ohne Rücksicht auf persönliche Abweichungswünsche der Mitarbeiter oder lokal-kulturelle Gegebenheiten, durchgesetzt werden. Was natürlich voraussetzt, daß das gesamte Unternehmen entsprechend gesteuert und in seinen Belohnungs- und Zielsystemen darauf eingerichtet ist.

Die Ganzheit einer Marke läßt sich heute mit Appellen allein nicht mehr sichern. Marke ist insoweit auch eine strukturelle Aufgabe. Will sagen: Überall dort, wo entsprechende Struktur-Voraussetzungen gegeben sind, ist Marke als Ganzheit sehr gut möglich. Die großen Handelsorganisationen, die inzwischen so hohe Umsätze realisieren, daß eine Eigen-Marke sogar produktionstechnisch zu rechtfertigen ist, werden sich zunehmend ihres strukturellen Vorteils der ganzheitlichen Organisation bewußt und beginnen, über Eigenmarken auch markentechnisch nachzudenken. Mit ihren geschlossenen Systemen können sie diesen Geschöpfen etwas bieten, was die klassische Markenartikel-Industrie in ihrer inneren Zerteiltheit und wegen der Eigenmacht des Handels zu verlieren droht, nämlich die aus *einem* Willen gefügte Komposition aller Materialien, aus denen sich im Konsumenten die Gestalt einer Marke bildet; von der Produktqualität über Ausstattung, Plazierung, Präsentation bis zum Preis; und über die Lage und Segmentation seiner Geschäftstypen könnte der Handel seinen Marken sogar die jeweils passenden Menschen in Gestalt von Verkäufern und Kunden zuführen. Auch und gerade so wäre erreichbar, was Gottfried Wilhelm Leibniz in einem Brief an einen französischen Gelehrten-Kollegen meinte, »daß nämlich alles, was nicht wirklich *ein* Ding ist, auch nicht wirklich ein *Ding* ist«.[3]

Die Gewaltenteilung, so nahe sie einer arbeitsteiligen Gesellschaft auch liegen mag, kann für die Gestalt einer Marke als wirkende Ganzheit bedrohlich werden. Ungeteilte Gewalt – so vordemokratisch es klingen mag – scheint eine bessere Lebensbedingung zu sein. Aber vielleicht ist ja die Gewalt, die hier gemeint ist und wirkt, nicht so sehr die Gewalt, die Menschen über andere Menschen ausüben, sondern eher die Macht, die eine Marke über die Menschen ausübt. Auch über jene, denen sie gehört. Sie besitzt ihre Besitzer.

---

[1] Johann Wolfgang Goethe: Die Absicht eingeleitet. Aus: Zur Morphologie, 1817. Hamburger Ausgabe, 5. Auflage 1966, Band 13, Seite 54

[2] Friedrich Schiller: Über die ästhetische Erziehung des Menschen in einer Reihe von Briefen. Carl Hanser Verlag, München 1966, Band 2, Seite 517

[3] Gottfried Wilhelm Leibniz: Briefe an Arnauld vom 30. April 1687. In: G.W. Leibniz: Hauptwerke, hrsg. von G. Krüger, Leipzig 1933, Seite 93

Die magische Beihilfe

Der geheimnisvolle Mehrwert der Marke

Wir fühlen uns geheimnisvoll erweitert, wenn wir als Junge zum ersten Mal eine Coca-Cola trinken; echt stark macht uns die Harley-Davidson. Die Marlboro glimmt um die Welt wie ein Zauberstäbchen; »Made in Germany« gibt der Maschine von Krauss-Maffei zusätzliche Weihe und Yves Rocher dem Resignierenden neuen Lebenssinn. Als Jahrmarkt der Eitelkeiten ist dies alles unzureichend kommentiert. Hinzugedacht werden muß die Marke als Kraftverbund. Als schöne Marke beschwingt sie, als magische Gestalt macht sie Mut und also weniger hilflos.

»Guten Tag!« sagen wir zur Begrüßung und »Mach's gut!« beim Abschied. Dabei klopfen wir uns auf die Schulter oder liegen uns weinend in den Armen. Der Ton unserer Stimme gibt der kleinen Sprachgeste ihren Charakter: Mal ist die Situation heiter, und unser Tonfall unterstützt die gute Laune; mal lauert Ungewißheit, und unsere Stimme wird beschwörend. Manchmal drücken wir jemandem ein Abschiedsgeschenk in die Hand, einen Talisman, ein Kettchen für's Handgelenk, ein Vademecum. Wie einst Rilkes »Cornet« als Insel-Bändchen an der Front gelesen, so wird das mitgegebene Photo in der Fremde auf den Nachttisch gestellt oder in der Brieftasche umhergetragen, links, über dem Herzen – Schutzschild gegen das Unheil. Denn möglichst heil wollen wir durch's Leben kommen.

Das jedoch schafft man nicht allein. Helfer brauchen wir, helfende Geister gegen böse Gefahren. Obwohl wir Modernen uns Versicherungs-Gesellschaften und Vorsorge-Untersuchungen, Prognose-Institute und Projektgruppen geschaffen haben, versuchen wir weiterhin, unser zerbrechliches Leben mit Hilfe ungezählter symbolischer Handlungsweisen abzuschirmen gegen Not und Verderbnis. Von privaten Geheimzeichen bis zu öffentlichen Zeremonien, von den drei Kastanien in der Hosentasche bis zu weltumspannenden Glaubenssymbolen haben wir uns kulturelle Formen geschaffen, die uns dabei helfen sollen. Ob Götter oder Heinzelmännchen, ob kleine Gesten oder große Rituale – unsere Vorstellungskraft als Grund unserer Unruhe trifft ungezählte Vorkehrungen zu ihrer Besänftigung. Auf dieser Suche nach vertrauensvollen Geistern ist die Produktmarke eine unserer jüngsten Schöpfungen. Denn auch sie gehört zu unserem umfangreichen Arsenal magischer Gerätschaften. Weil auch sie eine Schutzkappe gegen Lüge und Betrug, weil auch sie ein Beschwörungsruf ist im dunklen Wald des Nie-sicher-seins.

Marke und Magie

Wenn unser Verhältnis zum Produkt kühlen Vertragscharakter hat, ist unser Vertrauen in die Marke Glauben an die Kraft der Guten Geister. Zum Beispiel zu Neujahr. So verletzlich ein neugeborenes Kind den Machenschaften böser Dämonen gegenüber ist, so hilflos stellen wir uns auch das neue Jahr vor. Deshalb wird alles getan, um die freundlichen Geister herbeizurufen und die bösen fernzuhalten. Wenn man sich früher Hufeisen und Pflanzen – den vierblättrigen Glücksklee – schenkte, so nutzen wir heute vor allem den knallenden Sektkorken. »Zeigen Sie mir doch bitte die Marke«, sagt die Regierungsratswitwe zum servierenden Ober. »Es ist ein badischer Sekt«, antwortet jener. Der Gast möchte es jedoch genau wissen. Der Ober wendet die Flasche und hält sie der geistigen Genießerin mit jener gelenkigen Bewegung aus dem Unterarm entgegen, die nur dem Zauberer zu eigen ist, der weiß, daß sein Trick gelingt: Graf von Kageneck, Schloss Munzingen, Riesling, Extra Trocken. »Danke«, lächelt die alte Dame, »nun weiß ich, womit ich das neue Jahr begrüße!« Das Produkt war geweiht. Für den Bruchteil einer Empfindung stärkte sich ihre Seele und ging nun, gewappnet vom Grafen, den Schritt über die imaginäre Zeitschwelle. Kein Chemiker vermag Wasser in Wein zu verwandeln, allein die Marke schafft es.

Magie ist uns Aberglaube oder Hokuspokus, je nachdem, ob wir's ernst oder heiter meinen. Wir wünschen zwar jemandem »toi toi toi« und spucken ihm dabei über die Schulter, klopfen dreimal auf Holz, wenn wir unserem Glück Dauer verleihen wollen oder spielen mit jenem Tennisschläger ein Herausforderungs-Spiel, mit dem wir schon einmal gewonnen haben; one never changes a winning team. Wir sind aber vergleichsweise argumentenarm, wenn wir nach vernünftigen Begründungen für solches Tun gefragt werden. Die No-Names unter den PC's sind technisch doch exzellent und außerdem im Preis günstig – warum also dann doch Peacock oder Apple? Doch auch wenn wir verlegen zugestehen, daß dies eigentlich lächerlich sei, ändert selbstkritisches Eingeständnis nichts an dem zwar geheimen, aber doch festen Wunsch, es auf jeden Fall auch auf dem Marken-Wege zu versuchen.

Magie ist nämlich ein Kind unseres praktischen Denkens. Gerade sie entspringt unserer Zweckrationalität. Ob wir den günstigen Ausgang des Krieges herbeirufen oder den Regen, ob wir einen Kranken heilen oder ein Herz gewinnen wollen – die für diese Absichten ins Spiel gebrachten Marken sind vielfach bedacht und kunstvoll gestaltet. Ob das Rote Kreuz, Aspirin oder mon Chéri – ihre sorgfältige Auswahl zeigt, daß sie keineswegs nur Beiwerk oder unterhaltsamer Firlefanz sind. Vielmehr werden unsere gemurmelten Worte, unsere versprühten Düfte, unsere Gesten und Tänze, unsere Bemalungen und vielfachen Klänge allein auf das Ziel des glücklichen Gelingens ausgerichtet. Die Gegenstände, die wir im Zuge derartiger Beeinflussungsversuche erfinden oder nutzen, das besondere Werkzeug, die spezielle Essenz, das einmalige Gebäude, das Opfermesser und die geweihten Tücher, sind von einfallsreichen Kennern für genau diesen Zweck ersonnen und hergestellt. All dies wird schließlich in jeweils präzis bestimmten Momenten zur Aktion – bei einer bestimmten Konstellation der Gestirne, wenn die Früchte geerntet, die Feinde im Anrücken sind, wenn ein Kind geboren oder ein Oberhaupt gestorben ist. So ist die Auffassung durchaus nachvollziehbar, daß unser magisches Wollen Ausgangspunkt sowohl für kulturelle Formen wie auch für wissenschaftliche Technik ist.

Der französische Kulturanthropologe Marcel Mauss hat den lebenspraktischen Ausgangspunkt vieler unserer Gerät- und Machenschaften mehrfach trefflich beschrieben, und man kann seiner Charakterisierung nur zustimmen: Kunst und Technik, Kultur und Zivilisation haben ihren Ursprung in unserem Mühen nach gutem Auskommen mit den Nornen und Trollen, Gnomen und Rumpelstilzchen, mit Teufeln und Teufelchen. In unseren Waren verbinden wir ebenfalls beides: Im Produkt versichern wir uns der Segnungen von Technik und Zivilisation, in der Marke verbünden wir uns mit der kulturellen Haltung unserer Gemeinschaft. Auch unser Markenwesen ist somit ein Beleg für den virulenten Magiewillen unserer Spezies, der »lebendig, formlos und organisch« ist und dessen Erscheinungsweisen weder einen vorhersehbaren Entstehungsort noch präzise zu beschreibende Funktionen haben.

Magisches Tun gehört zum Leben. Überall wo Menschen leben, fühlen sie sich in mächtigere Zusammenhänge eingebettet. Überall versuchen sie deshalb mit den Kräften, in deren Hand sie sich wissen, ins Gespräch zu kommen – indem sie Sprüche und Bilder in die Stürme ihrer Zeit halten, Geräusche zu Musik umbilden, um dem bösen Wind des Lebens mehr oder weniger laut entgegenzupfeifen. Das erste Gesamtkunstwerk ist so alt wie der Mensch und hatte Beschwörungsziele. Richard Wagner gelang nur eine besonders kunstvolle Variante, und charakteristischerweise wählte gerade er uralte Geschichten, um sein Publikum zu verzaubern – und es gekräftigt nach Hause zu entlassen. Sein Werk ist heute hochpreisige Medienmarke, mit Stiftskirche, Priesterschaft und Gläubigen. Ein sozialstilistisches Wunderwerk.

Der Zauber gelingt aber nur, weil Publikum und Magier gemeinsam eine Geisterwelt als wirksam ahnen. Magie lebt nur innerhalb kollektiven Massenwissens. Die magische Praxis jedoch ist von den Formen her gesehen unendlich vielfältig. Die Ethnographen und die Phänomenologen entdecken uns an unseren Alltagshandlungen eine schier unübersehbare Fülle magischer Beschwörungsintentionen. Die Bemalungen der Punks und Skinheads, die rauschhaften Popkonzerte, die roten Teppiche und die Jingles unserer Radiostationen, die politischen Gesten und die Sprachkünste der Rhetorik, die Teufelsaustreibungen alter und neuer Zeit sind nur besonders auffällig. Viel weniger bewußt sind wir in zahlreiche gemeinschaftliche Vorstellungen verwoben, innerhalb derer wir magische Klein- und Kleinstexerzitien praktizieren – beispielsweise beim Schenken.

Kleine Geschenke erhalten die Freundschaft. Das heißt: Nicht die Nützlichkeit des Gegenstandes steht im Zentrum, sondern sein Geschenkcharakter. Die magische Kraft reicht bekanntlich so weit, daß die Geschenke, mit denen man als

Beschenkter nichts anfangen kann, doch nicht ohne weiteres fortgeworfen werden. Bedenkt man nun, daß heute Geschenke aus Waren entstehen, dann zeigt sich die beträchtliche Rolle von Marken allein in diesem täglich millionenfachen Tun. Soll es ein Suhrkamp-Bändchen sein oder ein Rowohlt-Taschenbuch? Nicht nur ein hübscher Pullover, sondern einer von benetton? Marken sind kollektives Wissen. Aus diesem gemeinsamen Wissen erhält das Geschenk zusätzliche Bedeutung.

So wird auch gewußt, daß Marken wirken. Die zu Weihnachten geschenkte Wurstplatte wurde bewundert. Ihre Weihe erhielt sie aber erst, als der Vater sagte: »Mußt mal umdrehn« – und zwischen den kleinen Füßchen ein blaues Marken-Emblem erkennbar wurde. Plötzlich verwandelte sich die Wurstplatte in edles Aufschnittsservice, und das Fluidum einer Königstafel durchwehte für einen Moment die Bergmannsstube. So verschieden wir vom Geschmack und auch von der Geldbörse her marken-kauffähig sind, unsere Sensibilität solchen geistigen Wesenheiten gegenüber ist offensichtlich eine Eigenschaft jeder menschlichen Seele.

Der Markenbildner als Magier

Insofern hat der Markenbildner viel von einem Magier an sich. Während sein Counterpart auf dem Jahrmarkt uns zum Hokuspokus einlädt und dessen bösartige Variante des Demagogen uns verhext und betrügt, ist der wahrhafte Markenbildner jener, der eine gemeinsam erwünschte Erleichterung oder die erhoffte Abwendung einer Unbequemlichkeit, die Verstetigung eines Erfolges oder auch nur die Wiederholung eines Genusses ermöglicht. Hans Domizlaff hat dies als »heimliches Königtum« beschrieben:[1] »Man versucht, sich langsam in die Seele des Publikums hineinzufühlen, und dabei darf man weder an seine eigenen Vorteile, seine Gewinne und Eitelkeiten denken noch an die Vorurteile des Auftraggebers . . . Manchmal gelingt es.« Die seelische Gemeinsamkeit zwischen Bildner und zu Bildendem ist eine wichtige Bedingung für den möglichen Erfolg. Nicht garantiert sie ihn, wohl aber liegt in der Verständnisinnigkeit mögliche Bindung. »Gibt es etwas Schöneres, als auf eine geheimnisvolle Weise mit den Reizmitteln von Form und Farbe, mit für Laien unmerklichen Assoziationsträgern, mit kleinen Ideeninfektionen und den vielen, vielen bildlichen und sprachlichen Beeinflussungskünsten das Publikum willfährig zu machen?«

Diese Führungskunst wird dann eine Kunst und kein Verderben sein, wenn man die naturhafte stilkompositorische Bereitschaft des Publikums schöpferisch nutzt. Domizlaff spricht in diesem Zusammenhang von »Ethik« im Werbefach. Der Werbefachmann tritt nicht mit seiner Person in Erscheinung. Billige Eitelkeiten muß er sich abgewöhnen. Er bleibt im Hintergrund und beobachtet vergnügt, wie sich die Menschen gegenseitig den Vorrang ablaufen wollen und wie sie dabei letzten Endes ihren unbewußten psychologischen Neigungen gehorchen, mit denen der Werbefachmann wie auf einer Klaviatur zu spielen lernt. »Allerdings gehört dazu, daß man sich für die jeweilige Aufgabe zu begeistern vermag, damit die richtigen suggestiven Kräfte hinzukommen.« Die Suggestion überträgt sich auf das Publikum. Einen Magier kennzeichnet eben diese Fähigkeit: uns zu be-geistern.

Daher ist die Macht des Magiers kein Zwang. Die Aufgabe des Markenbildners sei es nicht zu erziehen, sondern ein vorhandenes Stilgefühl zu erspüren, zu nutzen und uns auf diese Weise zu leiten. Domizlaff hat immer wieder auf die saugende, anziehende Kraft der Marke verwiesen und sie deutlichst einem erzieherisch-interventionistischen Drängen und Zwingen gegenübergestellt. Heimlich führen – nicht verführen. Denn die Masse läßt sich auf Dauer nicht betrügen. Öffentliches Vertrauen soll dauerhaft gewonnen werden. So wie auch dem Magier durchaus eigennützige Motive unterstellt werden können, ist dies auch beim Markenbildner und Markenführer der Fall. Aber doch gehört ein liebevolles Studium der sie beide umgebenden Menschen dazu. Magier waren auch immer gute Menschenkenner. Sie waren die Psychologen und Psychotherapeuten der Massen von damals.

Und gute Zeremonienmeister waren sie. Denn wichtig für die Wirkung einer Beschwörung ist der Grad ihrer Organisiertheit. Je ausgeprägter die organisatorische Straffheit, desto intensiver die Gewalt über die Gläubigen. Von der gelegentlichen Geste über den erkennbaren Brauch bis zum durchstrukturierten Kultus reichen die Arten. Erst letzterer bannt uns als Masse. Allein das unerbittliche Reglement internationaler Marken-Unternehmen gewährleistet die Beschwörungskraft. Nur mit kultischer Disziplin können Procter & Gamble und VW, Dior und Esprit ihre Marken kraftvoll erhalten. Der uniformierte Verkaufsauftritt und der prompte Service weltweit sind die täglichen Siege an der Kultfront. Auch die russisch-orthodoxe Kirche setzt heute – unbeschadet sogar von einem knappen Jahrhundert Unterdrückung – ihren tausend Jahre alten Kultus fort und schüttelt die Verfolger wie nasse Wassertropfen aus dem Fell. Produkt-Marken müssen denselben organisatorischen Regeln folgen, wenn sie dem Massengemüt über den Tag hinaus Vertrauen bieten wollen. Unsere Entscheidung für die dichtere, kompaktere, wirkungsvollere Marke ist die Folge einer Einschätzung ihrer magischen Potenz für den privaten Beschwörungsversuch. Nicht jede Marke zeitigt Kultfilme. Aber die Harley-Davidson hat es geschafft.

Der Markenbildner ist auch Regisseur und Bühnenbildner, Beleuchter und Rollenbesetzer. Nicht darf er sich scheuen, gelegentlich sogar Bühnenarbeiter zu sein. Möglicherweise ist er ja schon dabei, wenn der »Autor« eines Produktes oder eines Produktfächers seine Eingebungen und Entwürfe zu Papier bringt oder diskutiert. So wie der Magier seine Truppen nicht nur im Zaume, sondern auch im Auge hat, ist auch der Marken-Magier im günstigen Fall schon bei der Produktschöpfung zugegen. Denn schließlich sind die Details der Mixtur und des Procedere beim Gespräch mit den Geistern von größter Wichtigkeit. Die organisatorische Kontrolle über das Gesamtarrangement ist für den Magier wichtig. Er ist der Symboltechniker und Sozialstilist und weiß, daß irgendeine Kleinigkeit, irgend jemand, irgend etwas den Fehlschlag wahrscheinlich machen kann. So muß auch der Markenführer die Gesamtkomposition immer im Auge haben. Jacques Riboud, Inhaber des französischen Nahrungsmittel-Multis BSN, pflegt nach dem Betreten eines Supermarktes als erstes nach »seinen« Marken zu schauen und bringt ihre Regalpräsentation gegebenenfalls eigenhändig in Ordnung.

Für den Verbraucher ist die kompositorische Dichte nämlich von größter Bedeutung. Wie soll er dem Zauber vertrauen, wenn er erkennt, daß der Magier listig grinst oder die Zeremonie beliebig ist, diesmal so und nächstes Mal anders? Magische Exerzitien sind beileibe kein bezahlter Freizeitjux. Ihre Handlungen sind gemüthaftes Urgestein. Ganz muß man bei der Sache sein. Alles muß stimmen – Konkordanzzwang, ein Wort von Hans Domizlaff. Das musikalische Gleichnis der stimmigen Komponenten.

Alles zusammen ermöglicht den beflügelnden persönlichen Auftritt. Auf geheimnisvolle Weise öffnen Marken die Türen zu den Ballsälen der Gesellschaft, sichern sie unser Handeln ab. Das alte Gottfried Keller'sche »Kleider machen Leute« zeigt seine magische Kraft insbesondere in der bündnis-bildenden Markenkraft. Auch wenn der Parvenu die Marke nur nutzt und sie nicht füllt, trägt sie ihn erst einmal. Nur Vorsicht: Wenn die Dissonanz zu groß wird, leidet die Marke. Es ist wie bei einem Magier, dem seine Gemeinde nicht mehr glaubt. Von den beiden Möglichkeiten wird sie eine ergreifen: entweder die Götter wechseln oder den Beschwörer verjagen. Denn was, wenn der Glaube schwankt? Glaube und Magie gehören untrennbar zusammen. Deshalb auch »schwören wir darauf« und halten an ihr fest wie der Gläubige an seinem Fetisch. Fahnentücher müssen nicht immer aus Stoff sein.

Schließlich sind ja nicht wir die Wirkenden. Derartiger Anthropozentrismus widerspricht dem magischen Tun. Wenn wir auch die Handelnden, Tätigen, die Veranstalter sind, wirken soll »es«. Wir singen, aber wirken soll die Musik. Wir kaufen einen Gegenstand, wirken soll aber das Geschenk von Sony. Wir gehen irgendwo hin, wirken aber soll die Garderobe von Joop. Wir spielen irgendein Tennis, wirken aber soll der Schläger von Boris. Ein Diego Maradona soll zwar Tore schießen; aber die magische Anziehungskraft dieser Fußballer-Marke geht bereits von der Ankündigung aus: »Maradona spielt«. Die Selbsttätigkeit der Marke ist ein eigenartiger Mehrwert: ihr Zauber. Es ist ein zutiefst geistiger Kontakt, den wir suchen. Helfen »die Kräfte«? Lächelt uns Fortuna?

Ihre geheimnisvolle Existenz wird in dem Maße schützend empfunden, in dem unsere Absichten erfolgreich waren – mittels irgendwelcher Bilder, irgendeiner Musik, irgendeines gekauften Gegenstandes. Sicherlich droht auch immer die Enttäuschung. Daher gestalten wir auch ununterbrochen neue Hilfstruppen, mehr oder weniger geister-reiche. Sie alle sind Ausdruck unserer Ahnung, in einem Reich zu leben, dessen Kräfte mächtiger sind als alle menschliche Vernunft. Marke ersetzt gewiß nicht die Produktleistung. Aber bei der Frage, welchem von zwei ansonsten gleichartigen Produkten man seine Angelegenheiten anvertrauen will, entscheidet man sich dann eben für die Marke, der man mehr zutraut – für eine jeweilige Absicht, in einer jeweiligen Situation. Nicht schwarze, sondern weiße Magie. Und indem die Menschen dies tun, erneuern sie wiederum die magischen Kräfte der Marken, die nur ein lebensfremder Rationalismus als wirkungslosen Klimbim abtut.

---

[1] Hans Domizlaff: Ethik im Werbefach. Festvortrag zum zehnjährigen Bestehen der Werbefachschule Hamburg am 14. September 1956. Veröffentlicht in: MARKETING JOURNAL, Heft 4/91, Seite 288 ff.

Der Schatz der Erinnerungen
Unser Vertrauen in das Vertraute

Sich erinnern zu können ist eine bemerkenswerte Fähigkeit der Menschen. Sie setzt voraus, daß der Mensch über ein Gedächtnis verfügt, in welchem schier unendliche Mengen an einmal Erlebtem – Worte, Gedanken, Bilder und Klänge – mehr oder weniger leicht zugänglich bereitliegen. Mit diesem Schatz geht der Mensch je nach Bedarf und Laune recht unterschiedlich um. Mal benutzt er ihn, um sich etwas zu erklären, um wie ein Arzt aus einer Reihe von Symptomen auf eine Krankheit zu schließen oder um eine bewährte Lösung für ein eben aufgetretenes Problem zu finden; mal dient er ihm bloß dazu, etwas zu identifizieren, eine Person, der man vor Jahren begegnet ist, oder ein Möbelstück in einem Prospekt. Derlei Nutzungen muten eher etwas mechanisch an, gleichen eher einem Abruf aus Datenspeichern und sind in gewisser Weise sogar bei Tieren beobachtbar, wenn sie dressiert werden oder sich aus anderen Gründen an irgendwelche Abläufe oder andere Tiere gewöhnen.

Solchen Erinnerungen auf relativ starren Spuren steht ein Erinnern gegenüber, das man eher als phantasievolle Rekonstruktion oder mit Erich Fromm als »aktives Tun« beschreiben und erleben kann: »In der Existenzweise des Seins impliziert Erinnern, etwas ins Leben zurückzurufen, was man einmal gesehen oder gehört hat. Jeder kann diese produktive Art des Erinnerns vollziehen, wenn er versucht, sich den Anblick von Gesichtern und Landschaften ins Gedächtnis zu rufen, die er einmal gesehen hat. Das Gesicht oder die Landschaft taucht nicht sofort vor dem geistigen Auge auf. Es muß wiedererschaffen, zum Leben erweckt werden. ... Diese Art des Erinnerns ist an und für sich selbst ein Akt des produktiven Denkens.«[1]

Es ist eine fast alltägliche Erfahrung, daß uns diese imaginative Tätigkeit von Geist und Seele besonders leichtfällt, mitunter sogar ungewollt einsetzt, wenn unsere Sinne etwas wahrnehmen, das mit Erlebtem sinnlich zusammenhängt. Berührungen, Oberflächen, Konturen, taktile Erlebnisse – die steife Fülle eines Spitzen-Petticoats, die Rinde des Kletterbaums vor dem Kindergarten, das Relief einer alten Coca-Cola Flasche, das kühle, gerändelte Blech der Nivea-Dose – jeder von uns hat seine Talismane: »Peter Iljitsch Tschaikowsky, auf der Kante seines Bettes sitzend, neigt sich über den Nachttisch und berührt mit seinen Fingern die Gegenstände, von denen er aus langer Erfahrung weiß, daß sie die Kraft haben, Erinnerungen heraufzurufen: es sind die Talismane der Erinnerung.«[2]

Zu literarischer Berühmtheit brachte es ein in Tee getauchtes französisches Gebäck namens »Madeleine«, dessen Geschmack und Duft und Erinnerungsmacht Marcel Proust auf seiner Suche nach der verlorenen Zeit beispielhaft beschrieben hat: »Wenn von einer früheren Vergangenheit nichts existiert nach dem Ableben der Personen, dem Untergang der Dinge, so werden allein, zerbrechlicher, aber lebendiger, immateriell und doch haltbar, beständig und treu Geruch und Geschmack noch lange wie irrende Seelen ihr Leben weiterführen, sich erinnern, warten, hoffen, auf den Trümmern alles übrigen und in einem beinahe unwirklich winzigen Tröpfchen das unermeßliche Gebäude der Erinnerung unfehlbar in sich tragen.«[3]

Weniger literaturverdächtig, aber genauso gut könnte es der kindheitsvertraute Kastanien-Extrakt von badedas oder der »Sonne, Sand und Meer«-Duft von Zeozon sein oder ein

Hauch von Chanel No. 5, dem ein Veteran kürzlich als Erfolgsgrund andichten wollte, es erinnere die deutschen Landser noch heute an die hübschen französischen Mädchen.

Berührung, Duft, Geschmack – in der Reihe der Sinne darf das Hören nicht fehlen. Wer hat nicht schon am Klang der Stimme einen geliebten, verloren geglaubten Menschen wiedererkannt; wieviele Tränen sind nicht schon geflossen beim Abspielen jener Wunschkonzert-Melodien, die von Geschmacksrichtern stets gescholten, doch so viele Erinnerungen an persönlich erfahrenes Leid oder an die schönsten Stunden des Lebens entbergen helfen. Das Largo von Händel oder »Morning has broken«. Strukturell ist es nichts anderes, wenn Teenies den Milka-Song trällern oder Kinder den Meister Proper nachsingen oder die Eltern den Asbach Uralt schon am Ton der Stimme erkennen. Den Klang der Marken, das bayerisch-rhetorische Stakkato eines Franz Josef Strauß, His Masters Voice, die Stimmen der deutschen Wochenschauen – jeden dieser Töne kann das empfängliche Gemüt zu einer großen Erinnerungssymphonie ausbauen, mit allen denkbaren Auswirkungen auf gegenwärtiges Tun und Handeln. Diese lebendige Vergegenwärtigung muß Goethe gemeint haben, als er seinen Faust den Selbstmord-Plan aufgeben ließ – wegen eines Liedes:[4]

»Und doch, an diesen Klang von Jugend auf gewöhnt,
Ruft er auch jetzt zurück mich in das Leben . . .
Dies Lied verkündete der Jugend muntre Spiele,
Der Frühlingsfeier freies Glück;
Erinnerung hält mich nun mit kindlichem Gefühle
Vom letzten, ernsten Schritt zurück.«

So nahen sich uns ständig in gestalthafter Miniatur die Gestalten unserer eigenen Vergangenheit, sei es die Gestalt Elternhaus oder Erste Liebe oder der Musikunterricht oder der Frühjahrsputz mit dem weißen Wirbelwind oder das Haarewaschen mit Schauma. Und schon belebt sich die Szene; wie in Sachsen, wo die Zigarettenmarke Ernte 23 nur wieder aufzutauchen brauchte, um nach fast sechzigjähriger Unterbrechung ihr damaliges Stammland gleich wieder zu ihrem Hauptabsatzgebiet zu machen. »Nationalerinnerungen liegen tiefer in der Menschenbrust, als man gewöhnlich glaubt. Man wage es nur, die alten Bilder wieder auszugraben, und über Nacht blüht hervor auch die alte Liebe mit ihren Blumen.« So Heinrich Heine.[5]

Warum aber erinnert sich der Mensch so gern? Warum folgt er nicht dem Rat der Fortschrittsdenker, Traditionen zu vergessen, den Ballast der Vergangenheit abzuwerfen, die Elternhäuser zu überwinden und die Opernhäuser zu schließen?

Ein erster Grund – die Reihenfolge sei keine Rangfolge – ist, daß man aus der Zukunft nichts lernen kann. Vielmehr sind es wiederholte Erfahrungen in der Vergangenheit, die den Menschen helfen, ihr gegenwärtiges Leben zu gestalten, die großen und kleinen Probleme des Tages zu bewältigen. Sie schließen sich im Laufe der Zeit zu einer einzigen verfügbaren Erinnerung zusammen und bilden im Gehirn Schemata, Beurteilungs- und Handlungskomplexe. Zu solchen Schemata mit ihrer Neigung, sich weiter selbst zu verstärken, gehören auch unsere Klischees; ob es das vom guten weißen und bösen schwarzen Ritter in all seinen Abwandlungen ist oder das Klischee vom Volvo mit dem Panzerblech. Tautologische Slogans wie »Persil bleibt Persil« oder der Volkswagen-Spruch »Da weiß man, was man hat« berufen sich auf solche Erinnerungen als jederzeit aktualisierbare Erfahrungen; womit sie insgeheim allerdings auch das Denken und das Urteilsvermögen an einer eher kurzen Leine halten. Da soll nicht mehr hinterfragt oder kritisiert oder weitergedacht werden.

Wirkliche Ruhekissen entstehen auf solche Weise letztlich nicht. Denn die Gedächtnisforschung hat inzwischen nachgewiesen, daß sich in unsere Erinnerungen, da sie eben keine Konserven, sondern jeweils neu rekonstruiert sind, mitunter verheerende Entstellungen einschleichen können; auch wenn wir den Kern der Geschichte nicht so leicht antasten. »Das könnte bedeuten«, so die amerikanische Psychologin Elisabeth Loftus, »daß eine Erinnerung von Ereignissen geändert werden kann, die nach der Einspeicherung der ursprünglichen Erinnerung stattgefunden haben. Wird jemand neuen Informationen ausgesetzt, so scheinen diese ältere unwiderruflich zu ersetzen. . . . Die Erinnerung scheint nicht von Dauer zu sein. Vielmehr haben wir einen Mechanismus für die Aktualisierung von Erinnerungen, der manchmal die originale Erinnerung intakt läßt, manchmal aber nicht.«[6]

Marken täten demnach gut daran, auch mit ihrer gegenwärtigen Gestalt – ob als Produkt oder als Zeichensystem – die Erinnerungen nicht zu irritieren. Es sei denn, sie tun es bewußt in strategischer Absicht. Ob es dabei aber gelingt, alte durch neue Erinnerungen zu ersetzen, bleibt ungewiß. Zahlreich jedenfalls sind die gescheiterten Versuche, alte Marken-Slogans durch neue zu verdrängen. Einige Markenartikler haben denn auch vor der Widerstandsfähigkeit der kollektiven Erinnerung kapituliert und nach manchem Hin und Her die Evergreens in ihre Rechte wieder eingesetzt: »Der große Klare aus dem Norden« ist genauso wieder da wie »Darauf einen Dujardin«. Auch die Peter Stuyvesant ging mit dem Satz »Der Geschmack der großen weiten Welt« noch einmal auf Tuchfühlung mit ihrer Vergangenheit; Ernte 23 schließlich hat mit keiner ihrer neuen Werbeaussagen die »höchste Reinheit« aushebeln können – und ist darüber verstummt.

Ein zweiter Grund für unsere Lust am Erinnern ist der Wunsch, das Leben möge einen Sinn haben. Diesen Sinn finden wir am ehesten, wenn sich das Leben wiederholt, wenn wir Vergangenheit und Gegenwart deutend aufeinander beziehen und daraus vielleicht sogar Zukunftsvisionen ableiten können. Unsere Geschichtsschreibung ist in diesem Sinne übrigens ein gigantischer Erinnerungsversuch; die imaginative Produktion von Kontinuität, von Entwicklungslinien, von Vorstufen und Vorankündigungen, von Kongruenzen. Wie trostlos auch, wenn wir aktuelle Erscheinungen nicht als Folge von Vergangenem betrachten und bewerten dürften. Was wäre Erinnerung noch wert, wenn sich jede Situation und jedes Ding nur noch aus dem Augenblick und nur noch aus sich selbst erklären ließen und uns die »tröstlichen Wiedererkennungen« verwehrt blieben.

Mit diesem Grund hängt der dritte eng zusammen: Der Mensch erinnert sich so gern, weil er mit dieser Geistestätigkeit seine Identität aufbaut. Wer er ist, weiß er zum größten Teil aus seiner Biographie, aus dem Woher. In dieser Lebensgeschichte spielen nicht nur Menschen, sondern auch die Dinge und Ding-Konstellationen eine zunehmend deutlicher werdende Rolle. Dem Umgang mit ihnen und nicht allein den Eltern, Lehrern und Pfarrern verdankt man seine Erziehung zum Leben. Zuerst den Dingen in der engsten Umgebung, dem Teddy im Kinderzimmer und dem Paidi-Bett, dann der elterlichen Wohnung, dem Stadtteil und endlich dem Schulweg mit seinen Kiosken, Kinos und Kaufhäusern, in denen man sich umso begieriger umschaut, je weniger kindgerecht die dargebotenen Waren erscheinen. Auf den Schulhöfen verwandeln sich die erworbenen Dinge und Marken schließlich in jene sozialen Konstellationen, Bündnisse, aber auch Abgrenzungen, die eines unserer Lebensmuster bilden.

Wen wundert es dann noch, wie sehr wir an Erbstücken und dem Familiensilber hängen; daß wir manche Marken-Wahl einfach damit begründen, daß es das auch als Kind immer gab. Mit den Marken von damals, so sie heute noch existieren, kann ich mir fast nach Belieben Kindheit und

Jugend wieder holen. Und indem ich mich erinnere, verknüpfe ich mit ihnen weitere Dinge, Personen und Situationen meines gelebten Ichs.

Vierter Grund für die Lust am Erinnern: Der Mensch kann nur mit Hilfe von Erinnerungen zu anderen Menschen Beziehungen aufbauen. Indem er erlebt, wie ein anderer sich wiederholt verhält, und indem er sich daran erinnert, erwächst ihm die Möglichkeit, sich diesen anderen auch in neuen Situationen vorzustellen und sich ihm als Freund, als Liebender, als Geschäftspartner zu nähern oder, falls das Ganze bereits stattgefunden hat, feste Verhältnisse dieser Art darauf zu gründen. Nur auf diese Weise entsteht der universale Beziehungs-Kitt, den man »Vertrauen« nennt. Gälte unter den Menschen, was sie sich mitunter nur enttäuscht zurufen – aus den Augen, aus dem Sinn –, dann gäbe es auch Treue nicht. Weil wir aber so vieles im »Sinn« behalten, weil wir uns erinnern, bilden sich die Glieder jener eigentümlichen Beziehungskette »Treue«, die die Menschen zu großen, stabilen Anhängerschaften zusammenschließen kann; übrigens selbst dann, wenn sie einander persönlich nicht kennen.

Was wir Marken-Treue nennen und leider oft nur in Prozenten der Bedarfsdeckung eines Haushalts rechnen, ist insofern ein aus vielen guten Erinnerungen an die gestalthaften Begegnungen mit der Marke sich nährender und stärkender gemeinschaftlicher Widerstand gegen die Versuchungen und Verlockungen des Anderen oder Neuen. Jeden von uns kann eine solche erinnerungsgetränkte vergemeinschaftende Beziehung erwischen: Der eine kann sich von seinem Hercules-Herrenrad nicht trennen, das längst von Rennmaschinen und Mountain-Bikes überrundet ist, die Firma Blancpain beschwört, sich vom mechanischen Antrieb in ihren Mondphasen-Uhren nicht zu trennen, obwohl jedermann den Fortschritt eines Quarzwerkes zu schätzen weiß; und die Schalke-

Fans singen unverdrossen »Blau-Weiß, wir lieben Dich«, ganz gleich, ob die Mannschaft gerade auf- oder absteigt. Was bedeutet schon ein Saisonplatz im langen Leben einer Marke? Erinnerst Du Dich noch? Kutzorra, damals?

Denn schließlich ist es einfach auch lustvoll, sich zu erinnern. Und beileibe nicht nur dann, wenn wir den rückwärtsgewandten Flug unserer Gedanken in goldenes Licht tauchen lassen. Nein, auch kleine Kinder, frei von jedem Nostalgie-Verdacht und insoweit anthropologisches Beweismaterial, empfinden bereits Lust an der Erinnerung. Wer ihnen abends am Bett ihr Lieblingsmärchen vorzulesen pflegt, kann ein Lied davon singen. Schon nach dem ersten Vorlesen geht es nicht mehr um Informationsübermittlung, sondern augenscheinlich nur noch darum, ein geliebtes Gefühl, das an eben dieses Märchen und seine Klang-Gestalt gebunden ist, zu reproduzieren. Bei diesem lustvollen Vorgang schließen sich dann auch die Äuglein bald, und der Atem wird ruhig. Die Seelenkräfte konzentrieren sich um die Gestalt »Dornröschen und ich«. Wer diese Ruhe als nachlassendes Interesse mißdeutet und meint, beim Vorlesen ein paar Absätze überspringen oder auch nur ein Wort ändern zu dürfen, wird sofort hellwach eines Besseren belehrt: Die erinnernde Gefühlsproduktion erklärt sich angewiesen auf eine hundertprozentig zuverlässige Re-Produktion. Wer dies nicht (be)achtet, kann erleben, daß nicht etwa die Beziehung des Kindes zu Dornröschen, sondern das Verhältnis zum Vorleser einen Knacks bekommt. Mißtrauen entsteht, weil er ein ihm anvertrautes Gebilde mutwillig verletzt hat.

»Vertrauen erweckt nur, wer das Vertraute wiederholt«, hält der Wiener Konfliktforscher Friedrich Hacker uns vor und deckt damit das Geheimnis stabiler Beziehungen inmitten einer durch widersprüchliche Informationen orientierungslos gewordenen Gesellschaft auf.

Auch das Marken-Vertrauen erwächst aus solchen Wiederholungen von Vertrautem. Ob es der neuerliche Gebrauch des Produktes mit gleichem Ergebnis ist, ob es die vertrauten Inszenierungen in den Schauräumen und Regalen der Händler sind oder die millionenfache Vervielfältigung der Marken-Symbolik in den gedruckten und elektronischen Medien – diese Wiederholungen sind die Fäden, die die Erinnerung braucht, um Vergangenheit und Gegenwart sinnvoll und lustvoll zu verknüpfen.

---

[1] Erich Fromm: Haben oder Sein; die seelischen Grundlagen einer neuen Gesellschaft. Deutscher Taschenbuch-Verlag, München, 6. Auflage 1980, Seite 41 f.

[2] Klaus Mann: Symphonie Pathétique. Zitiert nach einem Programmheft der Deutschen Oper am Rhein, Düsseldorf

[3] Marcel Proust: Auf der Suche nach der verlorenen Zeit. Suhrkamp Verlag, Frankfurt, 2. Auflage 1979, Band 1, Seite 66 f.

[4] Johann Wolfgang Goethe: Faust, eine Tragödie, Erster Teil. Hamburger Ausgabe, 5. Auflage 1966, Band 3, Seite 31

[5] zitiert nach Hans Domizlaff: Es geht um Deutschland; massenpsychologische Stichworte für eine sozialpolitische Reform. Verlag Hans Dulk, Hamburg 1952. Domizlaff hat seinem Buch dieses Heine-Wort als Motto vorangestellt.

[6] zitiert nach Dieter E. Zimmer: Das Gedächtnis, im Kopf die ganze Welt; Teil 4. In: ZEITmagazin vom 1. Mai 1987, Seiten 46-61, speziell Seite 59. Zimmer's Aufsatz sind wir in diesem Abschnitt sehr verpflichtet.

Individualität durch Masse
Vom Massending zum Einzelgesicht

Das Verhältnis zwischen Masse und Individuum wird oft als Kampf-Szenario gesehen. Beides schließe sich aus – entweder Individuum oder Masse. Entweder der Anzug von der Stange oder die Einzelanfertigung. Entweder Nobel-Marke oder Grabbeltisch. Das Ringen um Individualität erzwänge die Distanz von der Masse. Ja, es gäbe durchaus eine anthropologische Wasserscheide: hier den Herren-, dort den Herden-Menschen. Dandy, Snob und Schickeria seien nicht nur Oscar Wilde'sche Orientierungen, um Proleten, Blauen Ameisen und Käthe-Kollwitz-Figuren zu trotzen, es seien auch sich ausschließende Menschenarten. Romantiker und Sozialisten drängten zwar darauf, die Masse sei gut und schöpferisch; Nietzsche jedoch formuliere es trefflicher: als Material für große Führer erfülle sich ihr Schicksal. Deshalb seien auch unsere neueren Wörter mit Hautgout behaftet: Massenmedien, Massengeschmack, Massenwaren, Masse Mensch. Welch unvollständige Schilderung!

Masse und Person

Beides ist vielmehr unaufhebbar ineinander verwoben. Ohne Massen gibt es keine Individualität, und jedes Individuum ist vielfacher Massenmensch. Nur durch die Hingabe an den Staub der Massen entsteht einzelne Person. Dazu muß allerdings das, was mit »Masse« gemeint ist, ein wenig korrigiert werden.

Zuerst einmal: Eine Menge von Menschen ist noch keine Masse. Eine Menge ist die numerische Anhäufung von einzelnen Leuten. Masse wird diese Menge erst, wenn ein gemeinsamer Wille in ihr entsteht und sie ordnet. Charakteristischerweise spricht der Politiker vom »Bad in der Menge«, weil er hier mit den einzelnen Wassertropfen in Berührung kommt, mit dem einzelnen Bürger, als einzeln entgegengestreckte Hand, als Gesicht und als Blick Kontakt aufnimmt, ebenfalls als einzelner der Obrigkeit. Wenn er dann aber ans Rednerpult tritt, verändert sich die Struktur der Versammlung. Die Verwandlung von Menge in Masse ist der Schritt von numerischer Anhäufung zu einheitlicher Kraft. Rhetor und Zuhörer fühlen sich plötzlich eingebettet in einen übergreifenden Willenszusammenhang, dem sie gemeinsam dienen: durch lautstarke Rede, durch Jubel, durch Pfiffe, durch Beifall, durch die Bewegungen der Körper, der Fäuste, der Seelen. Jetzt beginnt die Menge als Einheit zu leben. Der Wille gibt ihr Inhalt und Richtung. Plötzlich wirkt sie geordnet. Millionen einzelner Menschen werden plötzlich Steffi-Fans.

Oft ist der Weg auch umgekehrt: Ein Wille sucht sich eine Menge. Als Individuen wissen wir bereits von diesem Willen. Freunde, Familienangehörige, die Lektüre des Völkischen Beobachters oder des Vorwärts, aber auch: eine Anzeige in BILD oder ein Spot in Radio 107 haben uns infiziert. Irgendwie hat sich unser Gemüt geregt, im Gegensatz zu dem unseres Nachbarn, den alles kaltgelassen hat. Nun suchen wir nach den anderen. Epidemiologen sprechen vom Virus, Sozialwissenschaftler von wuchernden Ideenkräften, Naturphilosophen von Elektrizität. Die vermeintliche Ansteckung zeigt sich als kräftigende Tätigkeitsspritze – wir machen uns nach irgend etwas auf die Suche. Und indem wir als freie Menschen eines freien Landes in die U-Bahn steigen oder auf eine Radio-Sendung warten, freut sich der Wille, daß er seine Menge gefunden und zur Masse gebildet hat. Und wir uns, daß wir eine Nuance Selbst verwirklicht haben – durch ein Billig-Label, das auch noch im Hemdenkragen scheuert oder durch eine Stanwell, die zwischen Lippe und Faust ein kräftiges Stück dänischer Männerkühnheit ermöglicht.

Masse ist also Kraft des Geistes, Geisterkraft. Unser Sprachgebrauch ist hellhörig und eindeutig: wir sprechen von be-geisterten Massen. Jede Masse hat ein Gehirn – nur Menge ist hirnlos. Aber das Massen-Hirn unterscheidet sich vom individuellen Denkvermögen. Es besteht mehr aus Wille denn aus Argument. Das gehirnliche Vermögen des Einzelmenschen vermag in seiner selbstbezogenen Betrachtungsstille vielerlei Facetten zu entwickeln und, je nach Begabung und Naturell, nach Erziehung und Standort, zu Meinung und Urteil zu kommen. Das Massenhirn aber saugt als Gestalt und drängt als Wille. Obgleich entstofflicht, ist es doch ungleich kompakter. Es unterwirft sich den Menschen, der dann »leidenschaftlich gern« etwas will – ein guter Deutscher sein, endlich einen Peugeot 205 fahren, bis zum Hauptbahnhof gehn, um eine Camel zu rauchen. Jedes Gehirn ist Masse, nur das Massenhirn ist reiner Geist.

Sodann auch: Massen sind nicht nur leiblich versammelte Personen – beileibe nicht. Ein Massen-Wille als geistiges Lebewesen besteht auch im Werk eines Künstlers, eines Denkers, eines Führers, eines Unternehmers. Während der Urheber schon längst hin ist, lebt sein Werk ganz woanders im hic et nunc. Es hat sich vom Hervorbringer gelöst und führt ein eigenes Leben. Vergleichbar den Kindern eines alten Familienstammes, die vor allem wegen der Vergangenheit ihres Namens so furchtlos in die Zukunft blicken.

Am geräuschlosesten zeigt sich die geistige, nicht-leibliche Verbundenheit in der Sprache. Keineswegs ist sie nur Werkzeug für unser aktuelles kommunikatives Wollen. Vielmehr wird unser Sprechen seinerseits bereits gelenkt von einem Willen, den wir als »die« deutsche Sprache bezeichnen und der das geheimnisvolle Wirken jener Millionen Menschen darstellt, die uns als Grammatik, Wortschatz und Aussprache immer schon über die Schulter gucken – oder vielmehr im Munde liegen, sobald wir eben denselben aufmachen. In enger oder lockerer Werk-Treue entsprechen wir ihnen als Sprech- und Schreib-Masse und verwirklichen die in Symbolen und Struktur verdichtete Kraft. Jedes Werk im weiteren Verständnis ist massenbildendes Wollen. Die Werke der Klassiker im Bücher-Regal, die Marken großer Hersteller im SB-Regal.

Denn jeder Blick auf einen Buchrücken, jeder Griff in eine gewohnte Ecke der Gefriertruhe läßt sich auch als das Wirken eines werkhaften Massen-Willens deuten, der uns ergreift, nicht losläßt, fesselt, in seinen Bann schlägt. Derartige Redeweisen schildern die Kraft jener geistigen Klein- und Großorganismen, die es fertigkriegen, daß wir wonnevoll, rasch und gezielt, was immer meint, ohne lange zu überlegen und vertrauensselig, einkaufen; entscheidungsfreudig und doch gebunden; selbständig und doch hingegeben; frei und doch auch versklavt.

Dies Paradox illustriert, wie wir den vorhandenen Massen begegnen: als Person. Das heißt, immer als deutender menschlicher Organismus, der aus den offerierten inhaltlichen Vorgaben etwas macht – Persönliches. Unter Person soll hier jener Teil an uns verstanden werden, der uns eigengestalterische Anverwandlung erlaubt und uns daher recht eigentlich zum Menschen macht. Wir bestehen also nicht nur aus Person. Im Gegenteil: zuerst und allgemein ist jeder von uns naturhafter Organismus. In diesem allerdings ist etwas möglich, was selbstverantwortlich herbeigeführt wird: Person. Das Vermögen dazu ist unabhängig von Wissen, Bildung und Verstandeskräften.

Martin Heidegger hat in seiner Arbeit zu »Sein und Zeit« dies in die Spannung von »Man« und »Selbst« gebracht. »Zunächst ›bin‹ nicht ›ich‹ im Sinne des eigenen Selbst, sondern die Anderen in der Weise des Man. Aus diesem her und als dieses werde ich mir ›selbst‹ zunächst ›gegeben‹.«[1] Eine derartige »Diktatur des Man« wird dann durch mich selbst aufgebrochen. Man ist gewissermaßen erst ein Man und dann ein Selbst – um schließlich man selbst zu werden. »Man selbst muß was tun . . .«, und greift als Trend-Setter zu Marken als eigenwilligen Massengeschöpfen, um sie in selbst-ständiger Weise kombinierend zu einem neuen, persönlichen Ganzen zu bilden.

Hier liegt der Unterschied zum Vermassungsargument. Nicht nur entpersonalisiert Masse den Menschen. Vielmehr benötigen wir Masse als geistige Kraft; die deutsche Sprache, die Musikstile in unserer häuslichen Umgebung, die Fernsehsendungen, die wir lieben oder verachten, als Kinopublikum, in der Fankurve, als Liebhaber bestimmter Marken mit ihren Produkten en masse – je mehr Massenverschmelzungen uns möglich werden, desto reichhaltiger die Personen-Bildung. Wir werfen uns zwar der Masse an den Hals, sind als Massenmensch sektoriell hingegeben, eingejocht, versklavt, aber eben auch immer jeweils erweitert, belebt, reifer.

Unablässig sind wir mit Massen in Verbindung – als situativer Massenmensch. Doch nicht überschwemmt einen die Masse nur, entmündigt und primitivisiert sie uns, die Ohnmächtigen. Diese Vermassungssicht unterschlägt, daß mich eine Masse normalerweise immer nur partiell zu fassen bekommt; ich vermag mich ihr immer wieder zu entziehen. Das Vermassungsargument sieht nur die repressive Überwältigung; diese besteht durchaus und wird keineswegs geleugnet, weil ja die Masse das denkselbständige Individuum verschlingt. Allerdings nur temporär und sektoriell. Wir sagen:

Nach dem Rausch ist man klüger; das mußt du erlebt haben; jetzt weiß ich Bescheid. Als Organismus sind wir nicht tot – wie Stehaufmännchen vermögen wir uns immer wieder dem Massengriff zu entziehen. So wird aus der zeitweiligen Entpersönlichung eine Bereicherung, aus der Hingabe ergänzende Möglichkeit. Massen werden zur Bedingung für Individualität.

Vom Massending zur Einzelmarke

Mit der Massenware haben wir uns einen weiteren Fächer möglicher Gegenstandsmassen geschaffen. Eine beliebte Deutung dieser neuartigen Warenmassen malt kräftig mit im Vermassungsgemälde: Überflutet von den Wogen der meist unnützen Objekte treiben wir im grauen Meer der Städte und sind überglücklich, wenn uns ein neuer Firlefanz aufgeschwatzt wird. Unsere Freude am Neuen ist nur hastige Abwechslung, die bunten Farben gleichen eher den Fieberflecken unserer Zivilisation denn dem Teppich einer Kulturlandschaft. Nicht rufen neue Waren unsere Phantasie in erträumte Handlungssituationen, sondern die kapitalistische Direktion hat im Verwirrspiel der Entfremdung nur einen neuen Labyrinthgang freigegeben, die Zerstreuung lenkt weiter ab vom Eigentlichen.

Vielleicht träfe dies Horrorbild zu, wenn es nur die Produkte gäbe. Nach Funktionen und Bedarfsgruppen sortiert, lägen sie zuhauf, dem Bedürfniszugriff des Verbrauchers nackt und bloß sich darbietend. Doch glücklicherweise haben wir die Marke. Ihr Name weiht das Massending. In der Erweiterung des Produktes zur Marke liegt ein entscheidender kultureller Taufakt, der dem allgemeinem Ding-Produkt seinen substantiellen Charakter gibt. Die Namensgebung ist dabei keine additive Hinzufügung, so etwa wie ein bestimmtes Bauteil in andere eingefügt wird, um das Ganze funktionsfähig zu machen. Marken-Taufe – der Ernst dieses Vorganges ist kaum zu überschätzen. Namensgebung individualisiert. Sie ermöglicht die qualitative Kulturmutation vom Massending zum Einzelgesicht. Waren die Produkte eben noch austauschbare Geschwister auf dem Transportband vielleicht derselben Firma, werden sie nun zu Marktindividuen mit Gesicht und Adresse, was immer heißt: mit Geschichte und geistig-seelischem Kern. Eben noch in der homogenen Anonymität eines Produktionsausstoßes, werden sie, kaum daß sie ihr Label tragen, unterscheidbare Gestalt. Eben noch harmlos als Funktionssummierung im Bauch einer Fabrik-Maschinerie, treten sie nun als eine Gestalt auf den Marktplatz und stoßen ihren ersten Kampfschrei aus – ringen als individuelle Marke mit Gegnern und Konkurrenten um den Markt.

Individualität durch Marke

Und also gehen wir als Menge durch die Straßen und werden von Marken angegangen. Oft ergeben wir uns lachend dem gewohnten Griff, erweisen uns als bereits seit langem Besiegte. Die Marke läßt ab, als würde sie uns erkennen, als hätte sie sich geirrt. Manchmal aber auch schlägt nach uns die Tatze des echten Angriffs. Unsere Frau greift nach unserer Hand und zerrt uns vor ein Schaufenster – und nur der kühle Rechner erkennt erleichtert: Der Laden hat glücklicherweise schon zu. Aber die Infrastruktur der Städte ermöglicht heute rasche Wiederkehr; und so sind wühlende Versuchungen nicht mehr in Klosterzellen eingemauert. Beim nächsten Einkauf für's Triviale kann die Begegnung wiederholt werden. Aus dem Überfall wird inniges Zwiegespräch und unsere Individualität ahnt einen frischen Ausritt. Das nächste Mal wird die Hörigkeit schon zum geplanten Manöver. Welche Hindernisse sind bei wem wie zu überwinden? Der Angriff wird zum Sieg. Und Männern geht es nicht anders.

Immer jedoch antworten wir der Marke als Person. Ob lustvolle Hingabe oder schmerzliche Trennung, ob stolzer Wiederkauf oder enttäuschter Wechsel – die Marke ermöglicht jeweils entmassende Einzelgesichtigkeit. Die vielen Gesichter des *Man* ermöglichen, daß man ein vielfältigeres *Selbst* wird. In einem eigenartigen Zauberakt vernachlässigen wir den weiterhin durchaus vorhandenen Mengenaspekt und sehen allein den unterscheidbaren Marken-Charakter. Als kreative Aufgabe ist er vom Hersteller immer wieder zu gewährleisten. Aber auch ist er Individualisierungschance der Abnehmer: Je mehr Marken, desto vielfältiger kann das Ich dingfest gemacht werden, um einen Ausdruck von Wolfgang Joop zu gebrauchen.

Der Markt zeigt sich nun nicht mehr nur als anonymer Verteilermechanismus. Vielmehr wird Logistik und Marketing die Folge eines kulturellen Interaktionsvorganges, der als Begegnung zwischen Individuellem gesehen werden kann. Viele Marken im Markt bedeutet: viele unterschiedliche Individualitäten. Die generischen Produkte Turnschuhe, Herrenanzüge, Autos werden zu Puma, Boss und Citroën. Damit wird jede Marke als wirkende »Masse« Anlaß zu situativer Begegnung mit Kundigen und Unkundigen, zum Begegnungshorizont unseres Gemüts. Die Hingabe an solche geistigen Wirkkräfte ist nun aber justament person-bildend. Denn als menschliche Geschöpfe nehmen wir die Marken in ihrem Tun und Treiben wahr. Einmal, weil sie als kulturelles Werk eigenes Gesicht zeigen; sodann auch, weil Menschen neben uns mit ihnen leben. Als Kunden künden sie von ihnen, möglicherweise in einem Sinne, der auch uns bestärkt, Träger, ja Vollstrecker eines Marken-Geistes zu werden, der unser Ich durch ein neues Ding weiter zu fächern erlaubt, indem es durch die Haltung, die Persönlichkeit einer Marke belebt wird.

Marke ist also Bändigung und Entfachung zugleich, Bindung und Aufbruch, Hingabe und Befreiung ans und ins eigene Ich. Die repressiv-manipulatorischen Markttheorien unterschlagen diese eigentlichen Kern- und Brennelemente der Individuation. Die Marke ist der Abschied von der Gattung, weil sie einmalige Werkgestalt ist. In der Produktmarke mutiert kultureller Gestaltwille ununterbrochen auch den sogenannten Massengütermarkt. Immer wieder neue Marken-Gestaltungen werden, wenn auch nicht immer gewonnen, so doch wenigstens gewagt. Die Gleichheit des Produktes wird durch die Ungleichheit der Marke überwölbt. Erst das gebremste Vorurteil zeigt, was hier geschieht: Nicht Vereinheitlichung durch den Massen-Artikel, sondern Individualisierung durch den Marken-Artikel.

Der Aufstand der Massen wird durch das Marken-Phänomen auch zum Aufruhr der Kulturen, zum unabweisbar individuellen Gestalt-Auftritt. Nicht die Massenproduktion unterschied sozialistische von marktwirtschaftlichen Märkten, sondern das unterschiedliche Verständnis von Gleichheit und Ungleichheit. Marken sind das verkörperte Recht zur Ungleichheit.

---

[1] Martin Heidegger: Sein und Zeit. Max Niemeyer Verlag, Tübingen 1960, Seite 128 ff.

Mit dem Herzen denken
Das Marketing und der Kleine Prinz

Unsere Gedanken kehren noch einmal zurück zu Karl Marx und seinem verzweifelten Versuch, der Warenwelt aufklärerisch Herr zu werden; denn anders wollte und konnte er sich und seinen Lesern das Weltgeschehen nicht erklären. Im hellen Licht der Vernunft, der schönsten Menschheitsgabe, sollten sie die Beziehungen der Menschen zueinander erkennen und, weil sie wohl dazu gehörten, auch die Beziehungen der Menschen zu den Dingen; die als vergegenständlichte entfremdete Arbeit auf den Markt kommen, um nach dem Grade ihrer Nützlichkeit und Zweckerfüllung verständlich bewertet zu werden. So jedenfalls hätte es gepaßt. Aber so war es eben nicht. Seufzend hängte er diesen Teil des Wirklichen an den Nagel der Theologie, des Glaubens, der neblichten Unvernunft; und wandte sich neuerlich seiner faszinierenden Aufgabe zu, mit Hilfe des Verstandes eine künftige, wissenschaftlich begründbare Weltordnung mitsamt ihren Zielen und Strategien zu entwickeln.

Wäre neben seinem Bibliotheksplatz mit den vielen Büchern in diesem Augenblick der »Kleine Prinz« aufgetaucht, wäre die Geschichte möglicherweise anders verlaufen. Denn dieses kleine, blondstruppige poetische Wesen, das Antoine de Saint-Exupéry achtzig Jahre später in die Welt setzte, hätte ihm die Augen für jene andere Wirklichkeit öffnen können; die, die man nicht mit dem Verstand, sondern nur mit dem Herzen sehen kann.

Denn das ist der Sinn dieser kleinen weltberühmten Geschichte: Ein Techniker muß in der Wüste notlanden. Seine Maschine, seine Instrumente, Kompaß, Höhenmesser und künstlicher Horizont, alle Voraussicht der Ingenieure und sein Piloten-Können helfen ihm nicht mehr weiter. Ebenfalls wie vom Himmel gefallen, steht neben ihm, dem Verstand, plötzlich der Kleine Prinz, die Poesie, und beginnt, ihm das Leben auf der Welt in ungeahnten Bildern und Gleichnissen zu erklären. Wie schlecht die Menschen mit der Zeit umgehen, wie sinnlos sie Pläne erfüllen, wie wenig sie von den schöpferischen Beziehungen zwischen Dingen und Menschen wissen; von der einen Rose zum Beispiel, in die er sich verliebt habe und die dadurch einzigartig geworden sei unter den fünftausend Rosen, die einander so glichen, als hätte die Natur sie am Fließband produziert.

Dieser Kleine Prinz könnte heute genauso gut einen Marketing-Manager am Ärmel zupfen, der vor seinem Computer sitzt, über ein weitgespanntes Informationssystem verfügend, stündlich mit neuen Haushalts-, Instore- und Markt-Daten gefüttert wird, alles instrumentiert und funktionalisiert hat und dennoch ein wenig entgeistert auf die soeben gemeldete Bruchlandung seiner Marke in Nielsen 3a starrt.

Der kleine Kobold an seiner Seite täte wohl einen Blick auf den Bildschirm seines neuen Freundes und sähe die vielen Zahlen flimmern, die die Stoffmassen der Wirklichkeit dort draußen vor dem Fenster in berechenbare und vergleichbare Einheiten verwandeln oder, so sein erster Verdacht, eben nur das Zählbare von dort draußen melden. Und er spürte, wie der Mensch vor diesem Bildschirm sich im Glauben an die Zahl und in der Verzweiflung über sie zu fangen drohte. Um ihn auf einen anderen Gedanken zu bringen und aufzumuntern, würde er ihm etwas von den großen Leuten erzählen und ihrer Vorliebe für Zahlen: »Wenn ihr ihnen von einem neuen

Freund erzählt, befragen sie euch nie über das Wesentliche. Sie fragen euch nie: Wie ist der Klang seiner Stimme? Welche Spiele liebt er am meisten? Sammelt er Schmetterlinge? Sie fragen euch: Wie alt ist er? Wieviel Brüder hat er? Wieviel wiegt er? Wieviel verdient sein Vater? Dann erst glauben sie, ihn zu kennen. Wenn ihr zu den großen Leuten sagt: Ich habe ein sehr schönes Haus mit roten Ziegeln gesehen, mit Geranien vor den Fenstern und Tauben auf dem Dach . . . dann sind sie nicht imstande, sich dieses Haus vorzustellen. Man muß ihnen sagen: Ich habe ein Haus gesehen, das hunderttausend Franken wert ist. Dann schreien sie gleich: Ach, wie schön!«[1]

Weder mit dieser Beobachtung noch mit seinen Berichten von den besuchten Planeten hat der Kleine Prinz dem Piloten oder unserem Marketing-Manager unmittelbar aus der Not geholfen. Seine Worte taugten weder als Schraubenschlüssel noch als Rezepte für einen gelungeneren Maßnahmen-Mix. Das war auch nicht seine Absicht. Eigentlich wollte er nur wissen, ob sein Freund fähig war, hinter der ersten, mit bloßem Auge sichtbaren Wirklichkeit auch jene zweite, nur Kraft seiner Phantasie und seiner Intuition erlebbare Wirklichkeit zu schauen. Gehörte er zu den vielen, die in des Erzählers Kinderzeichnung immer nur einen schwarzen Hut erkannten, oder zu den wenigen, die sofort wußten, daß es eine Riesenschlange von der Seite war, die einen Elefanten verschluckt hatte? Dem Menschen am Marketing-Computer wäre sehr zu wünschen, daß er diese kindliche, aber für uns Erwachsene so schwere Prüfung bestünde. Denn dann wüßte er, daß hinter den harten Konfigurationen der Ziffernkomplexe etwas lebt und blüht, das genausoviel Aufmerksamkeit, Wirklichkeit und Wirksamkeit für sich in Anspruch nehmen darf wie diese.

Als der Kleine Prinz seine Geschichten zu Ende erzählt hatte, wußte er seine Mission erfüllt. Er verabschiedete sich von dem Piloten, der ihm so ernsthaft zugehört hatte, und verließ die Erde wieder. Er hatte dem Denken seines Freundes keine Niederlage beibringen wollen, er wollte es nur erweitern. Er sollte lernen, auch mit dem Herzen zu denken, um mit dem Denken besser leben zu können.

Die defekte Maschine tat schließlich, wie ihr geheißen; sie erhob sich aus dem Wüstensand in die Luft und flog den Mann hinter dem Steuerknüppel sicher nach Hause.

---

[1] Antoine de Saint-Exupéry: Der Kleine Prinz. Karl Rauch Verlag, Düsseldorf, Neuauflage 1984, Seite 12 f.

In dieser Reihe sind bereits erschienen:

Die produktive Distanz

Beiträge zum Verhältnis von Masse und Elite

Hrsg. von Alexander Deichsel

Mit Beiträgen von Vilim Vasata, Klaus Brandmeyer, Hellmut Kruse, Gernot Nerb, Günter O. Eser, Gregor von Rezzori, Dieter Stolte, Vladimir Karbusicky, Friedrich von Schiller, Luitwin Gisbert von Boch-Galhau, Alexander Deichsel, Wolfgang K.A. Disch, Harald Einsmann, Heinrich Basilius Streithofen, Janpeter Kob

1987, 191 Seiten, 39,80 DM, ISBN 3-922 938-11-6

Der situative Mensch

Der Mensch und seine Dinge in der Massengesellschaft

Hrsg. von Klaus Brandmeyer + Alexander Deichsel

Mit Beiträgen von Wolfgang Joop, Gregor von Rezzori, Hans Bluhm, Jean-Marie Zemb, Hans Jürgen Lange, Vilim Vasata, Klaus Brandmeyer, Eckart van Hooven, Rudolf Bossle, Robert Glessinger, Klaus Frerichs, Alexander Deichsel

1990, 141 Seiten, 39,80 DM, ISBN 3-922 938-17-5

MARKETING JOURNAL, Hamburg